AtV

HEINZ KNOBLOCH wurde 1926 in Dresden geboren und kam 1935 nach Berlin. Nach der Oberschule 1942 Lehre als Verlagskaufmann. 1943 Soldat, 1944–1948 Kriegsgefangenschaft in den USA und Schottland. 1948 Bürohilfskraft in Ostberlin, 1949 Redaktionsassistent. 1950–1991 Redakteur, seit 1953 Mitarbeiter der »Wochenpost«. 1954–1960 Fernstudium der Journalistik in Leipzig. Seit 1957 literarische Veröffentlichungen.

Wichtigste Werke: »Herr Moses in Berlin. Auf den Spuren eines Menschenfreundes« (Roman, 1979), »Stadtmitte umsteigen – Berliner Phantasien« (1982), »Meine liebste Mathilde« (Roman, 1985), »Berliner Grabsteine« (1987), »Der beherzte Reviervorsteher« (1990), »Jüdische Friedhöfe« (1991), »Geisterbahnhöfe – Westlinien unter Ostberlin« (mit Michael Richter und Thomas Wenzel, 1992), »Der arme Epstein. Wie der Tod zu Horst Wessel kam« (1993), »Die schönen Umwege« (1993), »Eierschecke – eine Dresdner Kindheit« (1995).

Dieses Buch kommt zur rechten Zeit. Es entlarvt Mythen und Legenden, die politische Agitation und Propaganda um das kurze Leben eines frühen Nationalsozialisten gesponnen haben. Es leistet einen wertvollen Beitrag zur politischen Bildung, gerade weil es nicht im trockenen Lehrbuchstil, sondern anschaulich, fast feuilletonistisch geschrieben ist.

Frankfurter Allgemeine Zeitung

Heinz Knobloch entwirft mit seinen Recherchen über diesen Justizskandal ein bedrückendes Panorama der Zeit. Die Rehabilitation des in vielerlei Hinsicht »armen Epstein« gerät Knobloch unter der Hand zu einer gleichermaßen faszinierenden wie ekelerregenden Studie über Pomp und Politik, über Legendenbildung und deren wirkliche Opfer.

Focus

Heinz Knobloch

DER ARME EPSTEIN

Wie der Tod zu Horst Wessel kam

Aufbau Taschenbuch Verlag

ISBN 3-7466-8021-2

1. Auflage 1996
Aufbau Taschenbuch Verlag GmbH, Berlin

Umschlaggestaltung Bert Hülpüsch unter Verwendung eines Fotos
Sally Epsteins, Bundesarchiv Potsdam
Satz Theuberger, Berlin
Lithographie Duplex, Berlin
Druck und Binden Clausen & Bosse, Leck
Printed in Germany

Aber das soll mich meinerseits nicht abhalten,
ruhig den Spuren meines kleinen Menschen in Berlin,
Zentrum und Osten, zu folgen, es tut eben jeder,
was er für nötig hält.

Alfred Döblin in »Berlin Alexanderplatz«, 1929

Inhaltsverzeichnis

Unangenehmer Untermieter

Der arme Epstein, anders sollten wir ihn nicht nennen, trinkt an diesem folgenschweren Abend sein Bier in der Kneipe von Alex Baer. Wie gewohnt. Die liegt, wie jedes Berliner Lokal dieser Art, ebenerdig und ist mühelos zu betreten. Baer unterhält keine Eckkneipe. Seine liegt mittendrin zwischen den alten Häusern der Dragonerstraße im Scheunenviertel, das kennt kaum noch einer. Erst um 1990 taucht es als Modename wieder auf. Die Gegend ist keine gute. Wahrlich nicht. Man darf sie berüchtigt nennen.

Heute ist der 14. Januar 1930. Ein Dienstag. Berlins Polizeipräsident hat für morgen alle Demonstrationen und Umzüge unter freiem Himmel verboten. Es jährt sich nämlich zum elften Male der Tag der Ermordung von Rosa Luxemburg und Karl Liebknecht. Nach Feierabend, um 18 Uhr, soll sich der Zug zum Denkmal nach Friedrichsfelde bewegen wie jedes Jahr. Aber damit haben heute, am Vorabend, die in Baers Kneipe Versammelten nichts im Sinn, denn dieser 14. Januar wird für viele ein verhängnisvoller Abend werden; mehr als das, er entscheidet über ihr künftiges Leben. Sogar über ihr Fortleben. So nämlich fängt Geschichte an. Nicht durch Erlasse in Ministerien oder Weisungen und Maßnahmen, nicht durch Beschlüsse in Parteizentralen, durch Geplantes, nein, im Alltag geht manches los. Wie von selbst an solchem im Grunde harmlosen Abend.

Ein Winterdienstag. Im Lokal Baer tagt gerade die 2. Bereitschaft des Roten Frontkämpferbundes. Ganz regelmäßig. Das bedeutet, die Leitung tagt.

Es ist etwa 20 Uhr 30. Da macht sich, ungeachtet der Dunkelheit, von ihrer Wohnung in der Großen Frankfurter Straße Nummer 62 Elisabeth Salm auf den Weg zum Lokal von Alex Baer. Das sind, rund gerechnet, zwanzig Minuten Fußweg.

Wären wir Schicksalslenker, aber wer dürfte das sein, würden wir Elisabeth Salm den Weg versperren, sie mit Geld oder guten Worten weglocken, oder mit beidem, damit sie Baers Kneipe nie erreicht, zumindest heute abend nicht.

Der hübschen, jungen Witwe mit der Zukunft drohen?

Wieso? Sie wird sich nicht fürchten.

Nein, so ist das auf Erden. Geschichte geht los. Manchmal wie von selber.

Auf ihrem Weg durch den Januarabend läßt sich Elisabeth Salm von ihrer Stiefschwiegermutter Anna begleiten, denn er führt durch Straßen, die wegen mancherlei menschlichen Zwielichts – noch immer – unsicher sind und lieber nicht allein begangen werden sollten, und als Frau schon gar nicht. Wer da im Dunkeln seine Wohnung verläßt, muß einen Grund haben.

Letzter Versuch. Wenn ein Straßenräuber auf diesem Weg Elisabeth Salm die Handtasche entrissen hätte, die Stiefschwiegermutter beiseitegestoßen, oder ein Sittenstrolch hätte auf seine Weise die beiden Frauen belästigt, sie wären zur Polizei, zum unweit entfernten Polizeipräsidium am Alexanderplatz geeilt und hätten Baers Kneipe vergessen. Jedenfalls für heute abend und diese Woche, denn pausenlos tagen auch die Genossen nicht.

Genug. Wir ändern nachträglich nichts. Wie denn auch? Wir werden Jahrzehnte später noch davon betroffen sein und können nichts mehr verhindern.

Wir gehen den Weg der beiden Frauen nach und mit. Dazu brauchen wir einen alten und einen neuen Stadtplan, denn die Gegend, aus der sie uns entgegenkommen, hat sich völlig verändert. Sogar der Straßenname ist ein anderer. Und was ihr Ziel angeht, auch das gibt es nicht mehr zum Ansehen.

Elisabeth Salm wohnt 1930 in der Großen Frankfurter Straße 62, vorn, vier Treppen.

Die zu Trümmern zerbombten und gesprengten Häuser der Großen Frankfurter Straße sind weggeräumt. Ihre verwendbaren Ziegel von ungezählten frei- und gutwilligen Helfern in den Jahren um 1950 abgeputzt und von Hand zu Hand weitergereicht – etliche Steine von Bauleuten genutzt irgendwo in dieser Stadt, in der aus Schutt ein Berg wuchs, genannt Mont Klamott. Diese Straße, nun neu gezogen zum Alexanderplatz, bekam Neubauten im Zuckerbäckerstil und den Namen Stalinallee. Für kurze Zeit. Denn mancher Name hält der Geschichte im Alltag nicht stand. Folglich heißt die breite Straße dort Karl-Marx-Allee; ob aber für lange, das weiß und das sagt heute keiner.

Wenn wir die Stelle, wo das Haus stand, in dem Elisabeth Salm wohnte, gründlich nachzumessen suchen, gelangen wir zum Kino »International«. Vielleicht ein paar Meter weiter östlich. Egal. Falls jemandem beim Kino-Namen das gleichnamige Lied einfallen sollte, es wäre nicht unpassend für heute abend. Womöglich hat Elisabeth Salm diese Melodie noch im Ohr.

Wir folgen den beiden Frauen. So gut es heute geht. Am Kino vorbei in Richtung Alexanderplatz. Dort am besten unterirdisch weiter durch die kalte Tunnelwelt. Auftauchen unterm vormaligen Pressecafé oder heutigen Steakhaus. 1930 sah es hier ganz anders aus. Doch woran soll jemand sich orientieren, es sei denn am S-Bahnhof oder am Eingang zur Untergrundbahn.

Elisabeth Salm aber weiß, wohin sie will. Und wir wissen es auch. Am Hochhaus des Zeitungsverlages entlang bis zur Ecke Hirtenstraße. Die ist etwas kürzer geworden als damals, behielt aber ihren Namen, der zu unbedeutend war, als daß die jeweiligen Umbenenner ihm etwas anhaben konnten. Außerdem ist sie so gut wie der letzte Zeuge für vormaliges Viehzeug in dieser Gegend, als die noch nicht zu Ehren des Zaren Alexander den Platz bekam.

Die Hirtenstraße entlang. Man beachte die alten Platten des Bürgersteigs. Wieviel Handarbeit steckt in jeder einzelnen.

Über die Rosa-Luxemburg-Straße. Die hieß damals, als Elisabeth Salm sie überquerte, Kaiser-Wilhelm-Straße. Weiter geradeaus. Bis zur Almstadtstraße, dann gleich rechts in die Schendelgasse. Nun sind es nur ein paar Schritte bis zur Max-Beer-Straße. So heißt die Dragonerstraße heute. Max Beer? Wer war das? Nicht einmal die Polizei weiß es zuverlässig, dabei war sie zuständig für Straßennamen nach 1945. Und der Liegenschaftsdienst? Rühret nicht an seiner Unkenntnis. Es kommen zwei Max Beer in Frage. Der eine (1864–1949) war Journalist; mehr ist nicht bekannt. An den anderen erinnerten sich 1945 Überlebende. Der jüdische Arzt, der in dieser Straße praktiziert und manchem verzweifelten Mädchen, mancher kinderüberreichen Mutter uneigennützig geholfen hatte, über den § 218 hinweg. Deshalb könnte dieser Straßenname nur eine befristete Lösung sein.

1930 rührte niemand an der Dragonerstraße und ihrem Namen. Benannt nach den Dragonern vom Regiment Derfflinger, die 1683 zur Briefbeförderung verwendet wurden in Berlin. Also nützliche Soldaten.

Käme Elisabeth Salm heute neben uns in diese Straße, sie würde sich vergebens umschauen nach dem Haus Nummer 48 und der Kneipe von Baer. Man findet sie nicht mehr. Alles ist im Kriege zerstört und dann abgeräumt worden. Dort stehen Neubauten mit neuen Hausnummern. Linkerhand eine Grünanlage. Ermöglicht durch Bombenvolltreffer. Hier wohnte der Malermeister Richard Lutter, der mit seiner Frau Rosa wie ein Elternpaar sorgte für Sally Epstein, den sie so schätzten, daß er eines schönen Tages ihr Geschäft übernehmen sollte. So fleißig war er, so korrekt.

Den jungen Mann zu adoptieren, wie sie eigentlich wollten, erlaubte ihnen die Behörde nicht. Weil die Lutters zu jung an Jahren, weil Epstein mit 23 zu alt war, oder weil er aus wer weiß was für Gründen sich nicht eignete. Dennoch hielten sie Sally wie einen Sohn. Ihr eigener war gestorben. Daß Epstein bei den Kommunisten war, störte die Lutters, die selber linksorientiert lebten, überhaupt nicht. Und daß er Jude war, spielte für sie als Christen schon gar keine Rolle.

Der arme Epstein mußte nur über die Straße gehen, und schon war er bei Baer, wo er Gleichgesinnte traf in der Kommunistenkneipe. Der Mensch braucht Begegnung, Gespräch, Mitteilung. Manche Männer bevorzugen eine Freundin, andere die Politik; wieder andere genießen beides, wie wir bald sehen werden. Der arme Epstein hatte offenbar kein Mädchen, aber die Politik hatte ihn. Er war »Agitator« bei den Kommunisten. Die fragten keinen, ob er Jude sei. Solche Herkunft kümmerte ihn wohl selber kaum. An keiner religiösen Betätigung interessiert, wollte er nur ein Mensch zwischen anderen sein und etwas dafür tun, daß es den unteren Schichten ein wenig besser ginge als derzeit in der großen Wirtschaftskrise.

Epstein, falls wir ihn als Berliner Juden betrachten wollen, gehörte nicht zu den Begüterten im Berliner Westen, von denen die meisten sich als Deutsche fühlten, zu Recht. Oft genug sahen sie nicht »jüdisch« aus, hatten ihre Namen und sogar ihre Nasen verändern lassen – das aber nicht aus freien Stücken, sondern wegen der deutschen Umwelt ...

Mit den orthodoxen Juden im Scheunenviertel und anderen Ostjuden hatten sie nichts gemein, nicht einmal die Bräuche. Auch diesen ist Epstein nicht zuzuordnen, denn er trug weder Schläfenlocken noch ging er zu Gottesdiensten in eine Synagoge. Es gab davon viele in den nahegelegenen Häusern. Auch mit den Juden rings um die Neue Synagoge in der Oranienburger Straße hatte er keine Berührung. Er durfte sich nur erniedrigt und beleidigt fühlen durch die Propaganda der Nazis und ihrer deutschnationalen Förderer, die solche Unterschiede nicht machten. Für sie blieb Jude gleich Jude. Sogar die Taufe hätte dem armen Epstein nicht genützt.

Wenn doch seine zweite Mutter, Rosa Lutter, ihn an diesem Abend aus der Kneipe herausgeholt hätte – aber Sally war kein Trinker. Er würde bald heimkommen wie immer. Die Lutters hatten ihn schließlich wegen seiner soliden Lebensführung aufgenommen; und Sally Epstein war froh, endlich ein Zuhause und sogar ein Elternhaus gefunden zu haben.

Wie gesagt, als Elisabeth Salm unterwegs ist, tagen an diesem Dienstag abend einige Funktionäre der Kommunistischen Partei Deutschlands, kurz KPD genannt, bei Alex Baer. Offiziell unterhält diese Partei keine Verbindung mehr zu ihrem Roten Frontkämpferbund, seit er verboten worden ist im Vorjahr. Aber die Genossen können sowohl dort wie auch hier Mitglied sein und bleiben. Zum anderen steht Parteilosen der Beitritt zum Roten Frontkämpferbund frei.

Wie sonst könnten Vorbestrafte, Halunken und Berufsverbrecher in leitenden Positionen sein, jedenfalls in Berlin-Mitte, wo sich der verbotene Bund zunächst »Kulturverein Zentrum« nannte, was zum Philosophieren Anlaß böte heutzutage. Dann aber bald kraß und knapp: »Sturmabteilung Mitte«. Mit drei Bereitschaften.

Warum »Sturmabteilung«? Das klang nicht weit entfernt von den Einheiten der Nationalsozialisten, die ihre »Stürme« und »Sturmlokale« hatten.

»Sturmlokal« der 2. Bereitschaft des Roten Frontkämpferbundes in Mitte war Baers Kneipe. Kaum fünf Minuten entfernt von der Kneipe Galsk, Gormann- / Ecke Mulackstraße, wo die 3. Bereitschaft tagte. Angeführt von dem vielfach vorbestraften Erwin Rückert, über den wir mehr erfahren werden.

Man gehe heute die Mulackstraße entlang, sooft man mag. Sie bietet keinen erfreulichen Anblick und erzählt so gut wie nichts. Weil man sie verkommen ließ. Sehens- und begehenswert höchstens der für eine Person bekömmliche Bürgersteig am Anfang, von der Almstadtstraße aus. Das gesperrte Eckhaus gegenüber dehnt sich. Wann stürzt es ein?

Mulackstraße 13, wo Ali Höhler wohnte, Rückerts Stellvertreter, steht wie damals. Nahe der Ecke Gor-

Demonstrationszug des »Roten Frontkämpferbundes« auf dem Weg zum Berliner Alexanderplatz, während des 4. Reichstreffens des RFB am 27. Mai 1928

mannstraße, wo es einst sogar vier Eckkneipen gegeben haben soll.

Keine Gedenktafel? Nicht einmal aus DDR-Zeiten, die unlängst hätte entfernt werden können. Der Rote Frontkämpferbund war aber doch ein Traditionsgeschöpf Erich Honeckers gewesen ... Die Schalmeienkapelle, die große Trommel ...

Elisabeth Salm sucht heute abend Beistand. Denn im Lokal Baer tagt, das weiß sie, die Leitung der Roten Frontkämpfer. Ihr verstorbener Mann war dort Mitglied gewesen. Die Genossen verübelten ihr zwar, daß sie ihm ein christliches Begräbnis hatte zuteil werden lassen – woran zu sehen ist, wieder einmal, daß die allzu politischen Menschen selten tolerant genug sind.

Als parteilose Witwe sucht Elisabeth Salm Beistand bei politischen Männern, die sie kennt. Gegen ihren Untermieter. Der bewohnt nämlich in ihrer Wohnung in der Großen Frankfurter sein Mansardenzimmer nicht mehr allein, wie das der Miete entspricht, sondern läßt ein junges Mädchen bei sich wohnen seit geraumer Zeit, ohne extra dafür zahlen zu wollen. So geht das doch nicht! Da beim möblierten Wohnen die Küchenbenutzung inbegriffen ist, kommen sich die beiden Frauen öfter ins Gehege; so auch vorhin wieder.

Elisabeth Salm gefällt das schon lange nicht. Vor wenigen Tagen ist sie zum Polizeirevier 11 in der Magazinstraße gegangen und hat die störende Dame kurzerhand abgemeldet. Aber los wurde sie sie damit nicht. Als die Wirtin um amtliche Unterstützung bat, bekam sie die klassische Polizistenantwort: »In Ihrer Wohnung sind Sie selber Schutzmann!« Das mach mal. Was muß passieren, ehe ein richtiger Schutzmann auftaucht?

Heute wird es passieren.

Elisabeth Salm kommt auf den einfachen und naheliegenden Gedanken: Sie geht zu den politischen Feinden ihres Untermieters. Der ist nicht mehr der Student, als der er am 1. Oktober 1929 eingezogen ist; er arbeitet als Schipper beim U-Bahnbau nahebei und ist politisch eifrig. Besuch bekommt er mehr als zumutbar. Nicht etwa von Damen, das wäre bis 22 Uhr erlaubt, außerdem hat er die Dame immer bei sich, sondern Männer kommen. Grob und laut, oft bis spät in der Nacht.

Aber Frau Salm hatte dem Untermieter für die Summe von 200 Reichsmark – das war damals reichlich – quasi ihre ganze Wohnung überlassen bis zum Juni und war in ihre Heimat gefahren, ins Rheinland. Doch sie kehrte beizeiten zurück, weil sie befürchtete, in Berlin ihr Wohnrecht einzubüßen, falls sie zu lange fernblieb. Nun hatte sie ihren Untermieter beweibt vorgefunden, und das paßte ihr gar nicht. Also verlangte sie zusätzlich dreizehn Mark Miete im Monat. Die wurden ihr verweigert, angesichts der hohen Vorauszahlung. Außerdem, erklärte der Untermieter, es habe alles seine Ordnung, er sei mit der jungen Dame öffentlich verlobt.

Meist geht es ums Geld, wenn sich Menschen in die Haare kriegen. Wobei der Gedanke nicht ausgeschlossen sei, daß die 29jährige Witwe ihren 22jährigen Untermieter mit weiblichen Augen betrachtet haben könnte ... Wie dem auch sei, ständig gab es in der Küche Reibereien mit der achtzehnjährigen Braut Erna. Die suchte aber dort auch Zuflucht und Gespräch unter Frauen, wenn ihr Verlobter Besuch von seiner Mutter bekam. Diese, besseren Kreisen zugehörig, mochte sich nicht mit solcher festen Beziehung ihres Sohnes anfreunden. Ließ ihm aber immer etwas Geld zurück.

Er hatte das Mädchen, diese Erna Jaenichen, in der Gaststätte »Mexiko« kennengelernt, oder davor. Erna ging dort auf den Strich. »Mexiko«, an der Ecke Prenzlauer Straße gelegen, wo sie in den Alexanderplatz mündet; zu beiden Seiten Bankfilialen. Heute müßte die Stelle archäologisch gesucht werden, irgendwo im Innern des Hotels »Stadt Berlin« oder »Forum«, wie es neuerdings heißt.

Immer gibt es Geschichten. Und diese mag wahr sein. Der junge Mann bog gerade um die Ecke, als Erna von einem Zuhälter verprügelt wurde, draußen vorm »Mexiko«, und ging dazwischen. Dafür soll Erna sich später auch mit einem Zettel bedankt haben, den sie ihm in der Magazinstraße zusteckte. Eine Warnung vor den Mördern von Rot Front.

So begann es. Und Erna sollte, konnte und wollte gerettet werden aus ihrem Milieu. Das brachte dem jungen Mann die Nachrede ein, ihr Zuhälter geworden zu sein. Niemand konnte das beweisen. Und vor Gericht hat Elisabeth Salm bestätigt: »Ernas Zuhälter war er nicht!«

Als ihr aber die zusätzlich geforderte Miete verweigert wurde, verlangte Frau Salm, daß die Braut das Zimmer räume. Das wurde abgelehnt. Mit nicht allzu höflichen Worten, wie sich denken läßt. Daher immer wieder die Auseinandersetzungen. Ziemlich heftig, gerade heute mittag wieder. Wer kocht zuerst?

Also entschloß sich Elisabeth Salm zu diesem Weg am Abend in die Dragonerstraße. Damit beginnt die Tragödie dieser Nacht.

Es wird mindestens fünf Tote geben, nicht gleich, Elisabeth Salm inbegriffen, sobald sie über die Schwelle von Baers Kneipe getreten ist.

Erst zögernd, dann mit ruhig festem Schritt, wie es in dem Liede ihres Untermieters heißt, das in diesem

Augenblick durch Elisabeth Salms Zutun bald für ein Dutzend Jahre zur zweiten deutschen Nationalhymne werden wird.

Der Langgesuchte

Tabaksqualm und Bierdunst bei Baer. Die beiden Frauen treten ein und werden kaum bemerkt. Als Elisabeth Salm sich unsicher umsieht, entdeckt sie erfreut ein bekanntes Gesicht. Walter Junek. Sie hatte fest damit gerechnet, jemanden zu treffen. Ihr verstorbener Mann war Mitglied der 2. Bereitschaft gewesen in diesem Sturm.

Walter Junek lümmelt hier herum als eine Art Aufpasser gegen Überraschungen. Die Leitung tagt! Da darf niemand stören!

Elisabeth Salm will jemanden sprechen. Das verwehrt ihr Junek im Vollbesitz seiner 23 Jahre. Keine Störung! Er traut sich nicht, das Vereinszimmer zu betreten.

Aber kann er nicht wenigstens Bescheid sagen? Sie wird warten, mag es auch dauern. Es ist nämlich wichtig. Es handelt sich um einen Nazi, um einen SA-Führer, gegen den sie von den Genossen Beistand erwartet.

Das macht Junek hellhörig. Er geht hinein.

Keine Minute später kommt er wieder heraus. Hinter ihm Max Jambrowski. Der kennt die Witwe Salm von früher, so lange ist das gar nicht her. Was gibt es? Er will Einzelheiten hören.

Nun bauscht die Frau die Vorgänge etwas auf, um die erwartete Hilfe dringlicher zu machen. Ihr unangenehmer Untermieter hätte Akten in seinem Schrank. Nicht bloß solche über seine SA, sondern über den Roten Kämpferbund. Und bewaffnet ist er auch.

Woher sie das so genau weiß, das fragt sie zunächst keiner. Wir aber wissen, daß sie als echte Zimmerwirtin einen Schlüssel besitzt zum Schrank ihres Untermieters im Mansardenzimmer. Zufällig paßt dort der Schlüssel ihres Küchenschranks. Und sie hat diesen Schlüssel bei sich.

Nachher wird sie ihn den Männern aushändigen, die sich für ihren Untermieter interessieren, nicht nur für seinen Schrank. Aber bis dahin vergeht noch eine Weile.

Was für ein Untermieter? fragt Jambrowski, der das für Geschwätz hält. Ein Untermieter, der nicht genug zahlen will oder kann, das ist doch normal in diesen Zeiten, also was?

Er ist aber ein SA-Führer, sagt Elisabeth Salm schon ein bißchen kleinlaut.

Ein SA-Führer? Wie heißt er?

»Wessel«, antwortet seine Wirtin. »Horst Wessel.«

Wessel?

Wessel!

Da ruft Max Jambrowski laut den Satz, den später auch das Gericht als einen entscheidenden ansieht für das, was dieser Abend nun bringt: »Das kann ja nur der langgesuchte Wessel sein!«

Damit kommt Bewegung in die Kneipe.

Der arme Epstein, mittendrin, geht leider nicht nach Hause. Warum auch. Jetzt, wo es interessant wird! Wo endlich mal etwas passiert.

Wer würde jetzt nach Hause gehen?

Den langgesuchten Wessel kennen sie alle, den Blonden, vom Hören, vom Sagen, vom Sehen und überhaupt.

Aber nun ist keine Zeit mehr für lange Debatten oder zum Nachdenken.

»Er hat auch eine Pistole im Schrank liegen«, sagt Elisabeth Salm, die sich freut über die Aufmerksamkeit.

Es sind sogar zwei Waffen. Eine trägt Wessel vermutlich immer bei sich, denn unbewaffnet ist ein politischer Lebenswandel viel zu gefährlich im Jahre 1930 in Berlin.

Horst Wessel

Wieder ein verhängnisvoller Satz von Elisabeth Salm.

Waffen ...

Nun bringen sie bei Baer an diesem Abend zwar ein Dutzend Kämpfer auf die Beine, aber eine Waffe hat keiner dabei. Wessel hat Waffen! Da mögen sie es nicht allein aufnehmen mit dem Gefährlichen.

Junek wird losgeschickt. Beistand holen von der 3. Bereitschaft aus der Kneipe von Galsk, Gormann-/Ecke Mulackstraße. Dort zeigt sich, daß ihr Führer Erwin Rückert eine Pistole einstecken hat. Wie sich das gehört in dieser Verbrechergegend. Das ist sie schon lange, aber nun erlebt man zunehmend blutige politische Auseinandersetzungen.

Hatte es sich herumgesprochen, oder erfahren sie es erst am nächsten Morgen aus der Zeitung? Gerade heute abend ist nahebei, in der Joachimstraße, ein junger Genosse von hinten angeschossen und verletzt worden. Camillo Roß. Dem Täter, einem Nazi, ist später nichts nachzuweisen. Gerade vor zwei Tagen sind die Braunen bei einem ihrer Propagandazüge durch die Münz- und die Grenadierstraße marschiert. Unter Polizeischutz. Das verbessert nicht die Stimmung im Roten Frontkämpferlokal der 3. Bereitschaft.

Immer bereit.

Rückerts Stellvertreter als Bereitschaftsführer ist Albrecht Höhler, von Beruf Tischler, aber nicht bei seinen Brettern geblieben, sondern als Zuhälter bekannt und genannt in dieser Gegend unweit vom Alexanderplatz. Ali Höhler. Mehrfach vorbestraft. Über und über tätowiert auf Brust und Armen.

Nachdem Junek seine Botschaft verkündet hatte, eilte Höhler in seine Wohnung gleich nebenan im Haus Mulackstraße 13.

Warum nur haben die DDR-Behörden nie eine Gedenktafel anbringen mögen: »Hier lebte der Rote Frontkämpfer Albrecht Höhler ...«

Ali holte seine Pistole. Die Waffen der beiden Führer sind aus der Bereitschaftskasse angeschafft worden.

Bis alle, die mitgehen wollen und sollen, bei Baer in der Kneipe versammelt sind, dauert es noch. Das gibt uns Zeit und Gelegenheit, den Lebenslauf des langgesuchten, unbequemen Horst Wessel näher zu betrachten.

Dr. Wilhelm Ludwig Wessel

Vaters Sohn

Geboren in Bielefeld am 9. Oktober 1907, also jetzt zweiundzwanzig Jahre alt. Auch der arme Epstein ist Jahrgang 1907. Sein Geburtstag steht kurz bevor, am 3. Februar.

Horst-Ludwig Wessel – manchmal mögen die Träger ihren Doppelvornamen nicht und lassen einen weg – war der älteste Sohn des evangelischen Pfarrers Dr. Wilhelm Ludwig Wessel und seiner Frau Margarete Luise. 1913 übernahm Dr. Wessel die älteste Kirche Berlins, St. Nikolai, und wohnte fortan nahebei, in der Jüdenstraße 51/52. Ein militanter Gottesstreiter, der sich 1914 nach Kriegsbeginn freiwillig meldete und als Lazarettpfarrer tätig war. Danach als Feldgeistlicher in Belgien, später in Kowno an der Ostfront, wo er mit dem Oberbefehlshaber von Hindenburg Freundschaft schloß.

Leseprobe aus einer Wessel-Predigt am Grabe eines Soldaten: »Beim Sturm auf den feindlichen Graben zerriß ihm das glühende Eisen die junge Brust. Im Zusammenbrechen röchelte er noch eine Bitte: ›Bruder, schau doch, ob wir siegen.‹« So todesmutig für andere blieb der Pfarrer auch nach 1918, nach der Niederlage; predigte und schrieb gegen alles, was nicht »deutsch« und »national« war. Eine Kriegsverletzung holte den erst 42jährigen Pfarrer im Mai 1922 ins Grab.

Sein ältester Sohn Horst erlebte die oft genug bewaffnet geführten politischen Auseinandersetzungen in der Reichshauptstadt und wurde als Fünfzehnjähriger, noch zu Lebzeiten des Vaters, Mitglied der Bismarckjugend, der Jugendorganisation der Deutschnationalen Volkspartei, in der sich jene Kreise fanden, die mit dem

Kriegsausgang 1918 nicht einverstanden waren, ihren Kaiser zurück ins Reich holen wollten und insgesamt rechts standen, ganz konservativ.

1923 trat Horst Wessel dem Wiking-Bund bei, einem extrem nationalistischen Verband. Dort war seine Kompanie bald die beste. (Wer sich darüber eingehender informieren möchte, dem sei die ausgezeichnete Biographie von Thomas Oertel empfohlen.)

Als Student trat Horst Wessel am 7. Dezember 1926 der NSDAP, der Hitlerpartei, bei und gleichzeitig der SA (abgekürzt für Sturm-Abteilung). Denn Stürmen wollte und konnte er. Er nannte die NSDAP in seinem Tagebuch sein »politisches Erwachen«.

Wessel war Saalordner bei Versammlungen und Propagandist. Auf der Gegenseite, nur ein paar Jahre später, betätigt sich der arme Epstein in gleicher Funktion, doch ihm fehlen mangels Schulbildung die intellektuellen Voraussetzungen. Und das entsprechende Elternhaus.

Für Wessel und seinesgleichen sind Saalschlachten, Schlägereien mit Andersredenden, auch mit der Polizei, der Ersatz für den versäumten Weltkrieg. Mit Straßenumzügen, Pressewerbeaktionen und Flugblättern versucht man, die Massen für sich zu gewinnen. Genau wie Rot Front.

Horst Wessel, seinen Oberen wegen gescheiter Maßnahmen angenehm aufgefallen – heute würde man ihn jung und dynamisch nennen –, wurde am 1. Mai 1929 befördert. Auch die Nazis feierten den Tag der Arbeit mit. Horst Wessel führte den Trupp 5, der bestand aus dreißig Mann. Dank Wessels Überzeugungskraft ringsum zählte er zwei Wochen später 83 Mitglieder. Deshalb wurde er zum selbständigen Sturm erhoben, der vornehmlich im Bezirk Friedrichshain wirkte. Und Wessel wurde Sturm-

Pfarrwohnung der Familie Wessel in der Berliner Jüdenstraße

Die von Horst Wessel aufgestellte Schalmeienkapelle

führer, was dem Rang eines Leutnants entsprach. Zum Einzugsgebiet gehörte auch das sogenannte Scheunenviertel, einschließlich der Kneipe von Baer und der Mulackstraße.

Das Scheunenviertel ... Seit dem Fall der Berliner Mauer versuchten Zugereiste, die in Berlin etwas zu sagen haben möchten, das Scheunenviertel in eine mehr spektakuläre Gegend zu verlegen. Und zuweilen gelingt es ihnen, denn viele Menschen sind gläubig und uninformiert.

Weder am Hackeschen Markt mit seinen berühmten Höfen noch in der Großen Hamburger Straße oder der

Sophienstraße, wo solches Gerücht vielleicht genährt wird, damit Touristen kommen, war das Scheunenviertel.

Es lag woanders.

Damit wir nicht fehlgehen: »Die Menge der Scheunen war groß, weil früher fast jeder Einwohner, ... selbst höhere Staatsbeamte Ackerbau und Viehzucht trieben. Sie nahmen fast den ganzen Raum zwischen der Grenadierstraße, Prenzlauer Straße, Hirtengasse und Linienstraße ein«, so ist 1843 nachzulesen.

Und nachvollziehbar auf dem Stadtplan.

Dort, wo die Volksbühne steht, waren die Scheunengassen mit ihren Nummern.

Wieder haben wir es mit Geschichtsklitterern zu tun ...

Horst Wessel hingegen pflegte seine Vorstellung von diesem Revier der Diebe und Hehler, der Zuhälter und Nutten mit ihren Kneipen und Treffs in der Dragoner-, Stein- und Mulackstraße, nicht zu vergessen die Linien- und die Grenadierstraße. Welch ein Gebiet für seine Mission! Hier aber herrschte und regierte die Kommunistische Partei.

Doch neuerdings hatte der blonde junge Mann, der so überzeugend reden konnte, etliche Rot-Front-Mitglieder und Sympathisanten der KPD für seine Partei gewinnen können. Schlimmer noch. Seit August 1929 gab es seine Schalmeien-Kapelle! Eine der SA! Der waren zwar diese Instrumente von ihrer Parteiführung untersagt worden; wegen der Nähe zu den Kommunisten, die mit solch analphabetischem Gerät die einfachen Menschen betörten. Hitlerleuten stand stramme deutsche Marschmusik zu. Klingendes Spiel. Bei jedem Paukenschlag zuckt es Altgedienten in den Beinen, und die Jungen lernen wie von selbst das Links Zwo Drei Vier ...

Horst Wessel bei einem SA-Umzug

Wessel hatte erkannt: Mit diesen für Laien in kurzer Zeit zu erlernenden Instrumenten konnte er die Kommunisten einfach austricksen, aufs Kreuz legen mit dem Hakenkreuz. An der nächsten Ecke würden die Leute nicht mehr wissen, wer da marschiert kam. Und Wessel hatte genug ehemalige Rot-Front-Bläser unter seiner Fahne.

Eine uns vielleicht verblüffende Tagebucheintragung Wessels: »Ich versuchte, jede politische Richtung zu verstehen, und da kam ich dahinter, daß es im roten Lager ebensoviel, vielleicht noch mehr fanatische, opferbereite Idealisten gibt als auf der Gegenseite.«

So ging er diskutieren rings um den Alexanderplatz, der damals einen völlig anderen Charakter hatte. Wessel warb für seine Idee.

Er war ein guter, manchen bekehrender Redner; galt als besonders aktiv wegen seiner Aktionen: Werbekampagnen, Aufmärsche (mit Schalmeien vorneweg), Versammlungen und Schlägereien. Innerhalb weniger Monate wuchs sein Sturm 5 auf rund 250 Mann.

Daß Horst Wessel – wie gesagt: jung und dynamisch – dem Berliner Gauleiter Dr. Joseph Goebbels aufgefallen war, erklärt sich von selbst.

Ein Jahr vor seinem Tode, im Januar 1929, erscheint der Student Horst Wessel in den Tagebuchnotizen seines Gauleiters Dr. Goebbels als ein »braver Junge, der mit einem fabelhaften Idealismus spricht«. Das ist schon die Bilanz seines kurzen Lebens.

In jenen Monaten tauchte Wessel abends oft am Alexanderplatz und im Scheunenviertel auf. Er wollte mit Leuten sprechen, politisch diskutieren. Die Gegend war nicht ungefährlich, wie wir wissen.

Warum soll es nicht Liebe gewesen sein von beiden Seiten, als er Erna Jaenichen kennenlernte? Sie beschlossen zusammenzuziehen, wohnten bei Erna in der Palisadenstraße. Das war auch keine gute Gegend.

Wessel gab sein Jura-Studium auf – dennoch wird er künftig als »Student« bezeichnet werden in den Berichten – und lebte fortan für seine Partei. Für sich und Erna verdiente er Geld als Taxifahrer, aber nicht lange. Dann schaufelte er Sand beim Bau der Untergrundbahnlinie. Wessel brauchte Geld, weil Erna keines mehr verdienen sollte auf ihre Weise.

In den Heldensagen der Nazis heißt es, er wollte seine bürgerliche Herkunft verlassen und enge Verbindung zu den Arbeitern aufnehmen, zu seinen Kameraden.

So war das Mansardenzimmer bei Frau Salm eine gute Lösung. Wobei wir die elterliche Anschrift nicht vergessen sollten, denn »Jüdenstraße« ist keine gute Adresse für einen Sturmführer der SA.

Proletarische Abreibung?

Seltsam genug, wie Max Jambrowski sich geradezu freut, daß er endlich den »langgesuchten Wessel« gefunden hat. Lange gesucht haben sie ihn offenbar nicht. Weder die 2. noch die 3. Bereitschaft. Das verwundert.

Waren sie zu ungeschickt? Oder zu träge? Oder hat niemand angewiesen, nach dem Sturmführer Wessel zu suchen? Keine Weisung. Das ist es gewesen. Auch deutsche Kommunisten erwarten ihren Befehl. Die vielbeschäftigte Parteiführung bekämpfte anstatt der Nazis die Sozialdemokraten. Und hatte damit genug zu tun.

Kein Kommando lauerte dem verhaßten Sturmführer Wessel auf. Kein bestellter Killer mit Zielfernrohr vom Dach gegenüber.

Die KPD-Zentrale erlaubte keinen »individuellen Terror«. Ein Jahr später, war das wohl eine Ausnahme?, damit die Polizeihauptleute Anlauf und Lenck am Bülowplatz abgeknallt werden konnten. Bald nach 1933 hieß er Horst-Wessel-Platz.

Und wenn damals ein Andersdenkender diesen Hitler beizeiten erschossen hätte? Nicht auszudenken. Wir wissen, was er nach seiner Machtergreifung angerichtet hat ... Seine Leute aber waren schon damals gewalttätig. Es stand tagtäglich in den deutschen Zeitungen.

Es gibt einen Steckbrief der Kommunisten über Horst Wessel. Er zeigt ihn, trefflich gezeichnet und porträtähnlich.

Aber mit einer falschen Adresse: Er wohnt »Kleine« statt Große Frankfurter Straße. So schlecht also funktio-

Flugblatt der KPD mit Steckbrief

niert die Abteilung Aufklärung im Roten Frontkämpferbund; so umfassend informiert ist Berlins KPD-Zentrale, daß eine entnervte Witwe Salm auftauchen muß und offenbaren: Bei mir wohnt ein SA-Führer, der heißt Wessel. Wobei sie sein politisches Leben nicht kümmert, solange er die Miete bezahlt, und zwar voll. Dann kann er mit seinem Sturm auf der Straße machen, was er will. Wessel ärgert sie nur in ihren vier Wänden. Wegen Erna, der unerwarteten Braut, und ihrer ausgiebigen Küchenbenutzung, die Töpfe, Tassen, Pfannen und so weiter einbezieht. Dazu die nicht zusätzlich bezahlten dreizehn Mark und die zu häufigen und zu zahlreichen spätabendlichen Besucher. Es ist also gar nicht wegen der Politik, sondern nur wegen der Erna, für die er nicht zahlen will.

Nun muß dem Wessel deutlich gemacht werden, daß er sich nicht an die Spielregeln hält. Es sind andere als im Elternhaus im Schatten der Nikolaikirche. Auf der Straße unter seinesgleichen kann er Rauhbein sein und Anführer, als Untermieter aber muß er sich fügen. Die Witwe Salm steht vor ihm nicht stramm. Das Gehorchen aber ist er gewohnt von seinen SA-Männern, die ihn bewundern.

Es ist gar nicht sicher, ob Horst Wessel überhaupt gewußt hat, daß er bei der Witwe eines Rot-Front-Kämpfers eingezogen war. Also war auch die SA-Führung nicht über alles orientiert. Elisabeth Salm wiederum hätte den Untermieter nie bei den Kommunisten denunziert, wenn er für Ernas Anwesenheit bezahlt hätte; die unangenehme weibliche Person, die in seinem Zimmer saß und schlief. Den Streit um den Kochherd nicht zu vergessen.

So lebten sie ungesichert, unbewacht, und wen wundert's, wenn sich die Katastrophe anbahnt wie von selbst. Aber so ist das oft.

Was will die Meute, die Mannschaft, die der Zufall zusammenwürfelte? Sie läßt uns an der Professionalität der Beteiligten zweifeln. Die Partei führt, aber eigentlich führt sie nicht, wie wir bemerken, und das wird noch viele in Schwierigkeiten bringen.

Was sie eigentlich von Wessel wollen, wurde nicht beraten. Soll er aus seiner Stube? Mit Gewalt? Soll er für Erna zahlen, auf der Stelle? Soll Erna ausziehen?

Und nur, weil er bewaffnet ist, wie seine Wirtin sagt, und sie hat ja recht, werden zwei Bewaffnete zur Unterstützung herbeigeholt. Als nutzt man ansonsten Mund und Faust?

Warum taucht nicht Vater Wessels Geist auf an der Ecke Prenzlauer Allee? Ludwig Wessel mahnt die Parteien: »Wer zur Pistole greift, wird durch die Pistole umkommen ...!«

Falls der mildernde Geist erscheint, es sieht ihn keiner in dieser Nacht.

Er ist auch nicht notwendig, denn etwas Lebensgefährliches wollen sie dem Sturmführer Wessel nicht antun. Er soll zur Rede gestellt werden. Wenn er sein gekündigtes Zimmer nicht freiwillig verläßt – oder endlich mehr Miete zahlt –, soll er mit Gewalt hinausgesetzt werden. Er soll nur »eine proletarische Abreibung« bekommen von den Genossen Kämpfern.

Eine proletarische Abreibung?

»Was ist das?« fragt der Vorsitzende des Gerichts. Er kann sich darunter nichts vorstellen. Und wir können es auch nicht. Auch die Verteidigung erkundigt sich. Einer der Angeklagten, Rückert oder einer der Brüder Jambrowski, antwortet: »Eine proletarische Abreibung wird ohne Waffen vorgenommen, nur mit den Fäusten; aber so, daß der Betreffende ins Krankenhaus kommt.«

Wessel: dreimal klingeln

So deutlich findet ihn jeder. Keine Deckadresse, keine Bewacher. Horst Wessel ist vielleicht gar nicht so bedeutend, wie das hinterher ausschaut.

Dilettantisch ziehen die Scheunenviertel-Kommunisten los. Sie bringen ihrer Partei Probleme, weil sie sich so dumm anstellen. Das wiederum sei mildernder Umstand. Es ist kein geplanter Mord. Sonst hätten sie dem unbequemen Sturmführer irgendwo aufgelauert anderntags oder gelegentlich. Die Vermieterin Salm könnte schließlich draußen bleiben, buchstäblich.

Und Wessel, ohne Personenschutz, wohnt als Unbewachter zur Untermiete bei einer Frau, die nicht überprüft worden war. Wo bleibt auf beiden Seiten die Konspiration? Zwar ist Horst Wessel, um es modern zu sagen, ein Störfaktor; aber für so hervorragend hielt ihn niemand, daß er umgehend hätte beseitigt werden müssen. Er war nicht gefährdet.

Erst hinterher, als er schon nichts mehr davon wußte, hat man ihn zum Nationalhelden und Märtyrer gemacht. Solche werden immer benötigt.

Man geht in kleinen Gruppen los in der Dragonerstraße. Vorneweg die beiden Frauen Salm. Unauffällig genug.

Wie ist das Wetter in dieser Januarnacht? Schneetreiben? Winterwetter?

Das Wetter hat seine Bedeutung, gerade jetzt.

Wozu gibt es in Potsdam das Wetteramt? Dort haben sie das Berliner Wetter registriert seit Wilhelms oder Friedrichs Zeiten und können stolz sein auf diese vom politischen Wendewetter unabhängige Leistung.

Anfrage nach Potsdam in die Michendorfer Chaussee. Wie, bitte, war das Wetter in Berlin am Abend des 14. Januar 1930? Und an einem weiteren Tage im April 1935? Denn der interessiert wegen des armen Epstein, den wir nicht aus dem Auge verloren haben.

Umgehend kommt als Antwort ein Kärtchen. Darauf heißt es: »Nach der Gebührenordnung des Deutschen Wetterdienstes, abgedruckt im Bundesanzeiger 233 vom 17. Dezember 1975« ist meine Anfrage »gebührenpflichtig« – das war von Anfang an klar – und wird »voraussichtlich 195,– DM betragen«.

Also wird das Wetter nachträglich doch noch politisch. Na, besten Dank. Da nimmt sich unsereiner in der Deutschen Staatsbibliothek umsonst die Morgenzeitung vom 14. Januar 1930 und liest: »Wetter leicht unbeständig, Neigung zu leichten Regenfällen, mild.«

Das Wetter spielt mit. Bei Schneewehen, bei klirrender Kälte wäre die Horst Wessel zugedachte proletarische Abreibung vielleicht vertagt worden, desgleichen bei Matsch oder Glatteis. Hat jeder Genosse wasserdichtes Schuhwerk? Wären die Frauen Salm ausrutschend sofort umgekehrt. Wer kann sich einen gebrochenen Arm leisten bei den herrschenden sozialen Verhältnissen? Wäre die Mannschaft geringer gewesen? Der arme Epstein zum Beispiel hätte sich in die eiskalten Hände gepustet und sich verkrümelt. Hoffentlich.

An diesem Abend begünstigt das Wetter durch seine Milde die Härte.

Beim Suchen nach dem Wetterbericht bleibt das Auge an anderen Artikeln haften. Gestern hatte Berlin einen schweren Sturm, keinen politischen ausnahmsweise, erlebt: Dächer wurden abgerissen, Dachrinnen weggeblasen.

Was noch? Erhöhte Grundsteuern werden bald Mieterhöhungen bringen. Die Reichsbahn wird die Tarife erhöhen. Die für Reisende, nicht für Mitarbeiter. Die Stadt Berlin ist arm und wird die Nachtbeleuchtung etlicher Straßen einsparen. Gegen den immer noch in Kraft befindlichen § 218 protestiert die Liga für Menschenrechte. Zweimal muß man hinschauen, ob man nicht aus Versehen die heutige Morgenzeitung vor Augen hat.

Wer ist mit dabei seit der Dragonerstraße?

Max Jambrowski, 33, hat das Kommando. Er ist der Bereitschaftsführer, führt aber nicht an. Dafür sind andere da. Deshalb geht Max Jambrowski nicht vorneweg ins Haus, sondern teilt ein: Ihr geht.

In unverdächtigen Grüppchen sind sie in der Großen Frankfurter Straße vor dem Haus Nummer 62 angekommen. Das ewige Räuber und Gendarm?

Elisabeth Salm ist vorweggegangen in ihr Haus. Ihr nach oben sollen folgen die jetzt in Sichtweite auftauchenden Ali Höhler, 31, und Erwin Rückert, 26, die beiden Bewaffneten. Außerdem Josef Kandulski, 27, und Jambrowskis jüngerer Bruder Walter, 32. Einzeln betrachtet sind sie allesamt jung, im besten Alter. Sie mußten nicht wie die Väter in den Weltkrieg. Vielleicht fehlt ihnen das. Keine Strapazen, keine Todesangst, keine Verletzungen. Aber auch keine Auszeichnungen. Keinem fehlt Arm oder Bein, dann würde er sich weniger kriegerisch benehmen. Ob Nazi oder ob Kommunist.

Im Kaiserreich geboren, durch Kriegsjahre den Hunger früh erlebt, geraten sie in eine schwache Republik mit Arbeitslosen, Inflation, Wirtschaftskrisen und Parteienkämpfen. Wem gehört die Zukunft? Uns!, sagt jede Partei. Wann wird es allen besser gehen? Wenn wir die

Macht haben!, sagt jede Partei. Und findet ihre Gläubigen; selbst dann, wenn sie herablassend bloß verkündet: keinem wird es schlechter gehen ...

Wer ist noch mitgezogen seit Baer? Walter Junek, 23, und der älteste Jambrowski, Willi, 34jährig.

Weiter zählen wir: Elisabeth Salm. Ihre Stiefschwiegermutter hat sich beizeiten auf den Nachhauseweg gemacht. Besser so, sagt ihr das Gefühl.

Else Cohn, 25, ist mitgekommen aus der Kneipe und wird gleich eine wichtige Rolle spielen.

Ferner: Hans Ziegler, 29, von Beruf Friseur und bei Baer als Aushilfskellner tätig. Warum blieb er nicht dort?

Der Schiffer Peter Stoll, 31, und der arme Epstein ..., zweiundzwanzigjährig wie Horst Wessel, der ahnungslos in seinem Zimmer sitzt.

Unterwegs hat Elisabeth Salm den bewußten Schlüssel zum Schrank Wessels, in dem sich Waffen und Papiere befinden sollen, Max Jambrowski ausgehändigt. Der gibt den Schlüssel sofort weiter an Erwin Rückert.

Kurze Beratung vorm Hauseingang. Das macht doch Aufsehen! Also: Höhler, Rückert, Kandulski und der junge Jambrowski sollen nach oben gehen, wie befohlen.

Aber ach, sie finden sich nicht zurecht.

Und wenn nun doch Einzelheiten benötigt werden sollten für das Tölpelhafte des Unternehmens, das unsere Billigung nicht bekommt, die Vier finden nicht den Weg. Sie wissen nicht, wohin sie gehen müssen. Großes Ungeschick, mal hier, mal da. Sie suchen im Seitenflügel des großen Hauses. Erklärlich. Wer im Vorderhaus wohnt, hat genug Geld für die Miete. Sie selber leben im Hinterhaus, im Seitenflügel. Dort steigen sie treppauf. Finden nichts. Kehren ratlos zurück nach unten in den Hausflur, drücken dort immer wieder den Lichtknopf. Etwas außer Atem geäußert die Frage: In welchem Aufgang wohnt der langgesuchte Wessel?

Es gibt hier dreißig Mietparteien. Mehrere Arbeiter, Schlosser, Kutscher, Maschinenbauer, vier Witwen, eine Modistin, eine Kontoristin, einen Maler. Offenbar fehlt im Hausflur, oder sie bemerken ihn nicht, der Stille Portier, die Namenstafel der Mieter, an der man sich orientieren kann in jedem anständigen Haus.

Schließlich steigt Else Cohn allein im Vorderhaus die vier Treppen hinauf und liest die Schilder an den Türen. Sucht, findet und kommt die hölzernen Stufen hinuntergeklappert. Auch zu später Stunde noch Essengeruch, Kinderlärm. Hauseigentümer ist ein Herr Schwarz in Budapest. Falls jemand schon ein Rundfunkgerät besitzt: Sie spielen gerade das Quartett Nr. 7 von Béla Bartók.

Telefon haben nur der Uhrmacher und der Kürschner unten in ihren Läden.

Endlich kann Else Cohn im Hausflur den Unsicheren Bescheid geben: Wessel ist nicht allein. Er hat Besuch. Das erlauschte Elisabeth Salm bereits. Daß es weibliche Stimmen sind, spielt nun wohl keine Rolle mehr.

Wessel erwartete wie gewohnt den Besuch von Kameraden. Die könnten bereits unterwegs sein. Wären sie nur eine Viertelstunde eher gekommen ...

Damit sich die Eingeteilten nicht wieder verlaufen, geht Else Cohn den vier Männern voran. Das wird ihr in der Nazipresse die Schlagzeile liefern: »Jüdin weist Wessels Mördern den Weg.«

Elisabeth Salm, und mit solchem Aufgebot von Kämpfern gegen ihren Untermieter hat sie gewiß nicht gerechnet, bleibt mit Else Cohn in der Küche. Die Vier schleichen auf leisen Sohlen hinein.

Unten bleiben Junek, Max und Willi Jambrowski – sie gehen beiseite – und außerdem Stoll, Ziegler und Epstein; dermaßen unwichtig, daß sich für sie weder die Polizei noch später das Gericht interessieren wird. Offenbar Randfiguren, alle drei.

Das wollen wir festhalten.

Oder aber? Ziegler, der doch bei Baer weiter Bier hätte servieren sollen, wollte – immer neugierig – zunächst mit nach oben zu Wessel. Wurde aber abgewiesen. War wohl nicht zuverlässig.

Stoll stand an der nächsten Ecke Schmiere, Waßmannstraße, da wohnte er und konnte schnell verschwinden.

Epstein, den armen Epstein, hat man ein Stück weiter postiert. Er soll auf Nazis aufpassen. Vor denen haben sie mehr Bange als vor der Polizei. Und wenn welche kämen, solle er pfeifen. Wie man seinen Pfiff gehört haben wollte im vierten Stock ... Aber es kommen keine Nazis, und daher pfeift Epstein nicht.

Ich befürchte, daß er sich dabei dennoch recht wichtig vorkam.

»Du, Ali?«

Nun bekommt der Abend in der Großen Frankfurter Straße seine Dramatik.

Elisabeth Salm ruft nicht: »Herr Wessel, Besuch!«, sondern sie betätigt die Wohnungsklingel. Dreimal. Das gilt dem Untermieter.

Inzwischen haben sich Ali Höhler und Erwin Rückert neben Wessels Zimmertür gestellt. Die geladenen Pistolen entsichert in der Manteltasche. Höhler steht dem Türspalt am nächsten.

Haben sie sich eigentlich überlegt, was sie sagen werden, was sie machen wollen?

Neben Höhler steht Rückert, daneben Kandulski.

Walter Jambrowski ist bei Else Cohn geblieben, die neben Frau Salm in der Küche sitzt. Aufgeregt sind sie allesamt.

Diese Spannung zuvor.

Nach dem Klingeln klopft Ali Höhler an Wessels Tür. Sie öffnet sich, und die Überraschung gelingt.

Horst Wessel, unbekannte Gesichter vor Augen, greift in die Tasche. Da schießt Höhler.

Vielleicht nervös die Waffe hochziehend – später machte er Notwehr geltend –, denn der verhängnisvolle Schuß trifft Wessel von unten in den Hals.

Soll Ali Höhler seine Version erzählen. Wie später vor Gericht. Er hat seine Pistole entsichert, geladen und wieder gesichert und schließlich in die rechte äußere Manteltasche gesteckt. »Ich ging mit Rückert und Kandulski zur Tür von Wessel und klopfte mit der linken Hand an. In diesem Augenblick ertönte über mir die Kor-

Die Mansardenstube Wessels in der Großen Frankfurter Straße 62

ridorklingel, die Frau Salm in Bewegung gesetzt hatte. Darauf öffnete Wessel seine Zimmertür. Es ist nun meine feste Überzeugung, daß Wessel die Situation sofort erkannte. Er faßte nach seiner Tasche. Ich rief ihm zu: ›Hände hoch!‹ Er mühte sich ab, etwas aus seiner Tasche herauszuziehen. Ich riß nun meine Pistole heraus. Dabei muß sich die Sicherung gelöst haben. Ich kam versehentlich an den Abzug. Dadurch ging der Schuß los. Das ist meine feste Überzeugung. Ein Zielen hat nicht stattgefunden, sonst wäre auch der Einschußkanal gerade und nicht, wie der Obduktionsbefund ergibt, von unten nach oben.«

Daran ist etwas Wahres. Kein direkter Schuß.

Nun drängen Höhler und seine beiden Begleiter an dem zusammenbrechenden Wessel vorbei ins Zimmer und erblicken zwei zu Tode erschrockene junge Frauen, deren eine ruft: »Du, Ali?«

Sie kannten sich vom Alexanderplatz.

Neben Erna saß ihre Freundin Klara Rehfeld auf dem Sofa. Höhler rief den beiden zu: »Wenn ihr nicht den Mund haltet, bekommt ihr eine gebrannt!«

Das scheint ein gängiger Ausdruck gewesen zu sein damals, denn als es eines Tages mit Höhler soweit ist, benutzt er für sein bevorstehendes Ende auch diese Wendung.

Zu dem blutenden Wessel am Boden gewandt: »Du weißt ja, wofür!« Höhler stößt ihn dabei mit dem Fuß an.

Mittlerweile durchsuchten die anderen das Zimmer. Kandulski fand im Wäscheschrank die erwartete zweite Pistole und steckte sie ein.

Akten?

Da war ein Gummiknüppel. Kandulski behielt ihn die ganze Zeit in der Hand.

Warum erschoß Höhler nicht auf der Stelle das junge Mädchen, das ihn erkannt hatte und später identifizieren würde? Und ihre Freundin, damit es keine Zeugen gäbe? Damit niemand reden konnte, ausgenommen Elisabeth Salm, die Höhler nicht mit Namen kannte und lieber nichts wissen würde später? Warum ballert Rückert nicht? Es geht preußisch und grotesk zu in Wessels Mansardenzimmer.

Nun rannten alle, so schnell sie konnten, aus der Wohnung. Nur Elisabeth Salm blieb und soll zu der zunächst fassungslosen Erna Jaenichen gesagt haben: »Warum waren Sie immer so barsch zu mir?«

Verständliches Durcheinander. Alarmierte Erna gleich die SA-Kameraden? Oder kamen die von selber, wie erwartet? Ihr Stützpunkt war nahebei. Rannte Klara Rehfeld zur nächsten Rettungsstelle? Schnell einen Arzt!

Erna griff sich eine Waffe. Aus Wessels Hand, und rannte den Tätern hinterher. Schußbereit. Aber alle waren längst davon. Als in der Nacht die Polizei kam und alles notierte, bat Erna Jaenichen, ihr die Waffe zu überlassen, zum eigenen Schutz. Das wurde ihr gewährt.

Wer bemühte sich um den blutenden Wessel?

Seine Wirtin. Elisabeth Salm: »Wessel lag blutüberströmt in der Nähe des Ofens auf der Erde. Ich half ihm auf die Chaiselongue, er bat um Wasser. Ich fragte, ob er einen Arzt wünsche.«

Da fragt man doch nicht lange, sondern holt sofort einen. Aber Elisabeth Salm schien sich auszukennen. »Er sagte: ›Ja, aber keinen jüdischen, den schmeiße ich die Treppe hinunter!‹« Falls er das noch gekonnt hätte.

Vier Jahre später, 1934, als die Nazipresse Wessels Kameraden berichten läßt, klingt es so: »Bald kam ein Arzt. Wir brauchten uns ihn nicht genau anzusehen: ein Jude. Raus!«

Der falsche Arzt

Es bleibt ungeklärt, ob Horst Wessel, fürchterlich im Mund und am Kiefer verletzt, blutend überhaupt noch deutlich reden konnte. Oder ob er gar noch auf einen Zettel schrieb: »Bitte Achenbach-Krankenhaus«. So der Prozeßbericht der »Vossischen Zeitung« am 24. September 1930. In den nicht in allen Einzelheiten zuverlässigen, von Gerhard Jaeckel aufgezeichneten Memoiren (1964) des Gerichtsmediziners Dr. Waldemar Weimann, der Wessel obduzierte, heißt es sogar: »Wessel verlangt mit einer Geste nach Bleistift und Papier. Mühsam schreibt er auf: ›Einen Arzt! Aber nicht den Juden Selow! Bringt mich ins Achenbachkrankenhaus!‹«

Achenbachkrankenhaus – eine abgelegene Krankenstation. In die brachte man ihn nicht. Wer weiß, warum ihm dieser Name einfiel in der Not.

Horst Wessel kam ins nächstgelegene Krankenhaus. Nach Friedrichshain. Aber erst später. Und wohl zu spät, wie sich zeigen wird.

»So war es: Ein Jahr lang hatte man den Leuten aus den [kommunistischen] Sturmabteilungen vorgepredigt: ›Schlagt die Faschisten, wo ihr sie trefft‹, und als sich die erste Gelegenheit dazu bot, hat man zugeschlagen und – Wessel stand nicht mehr auf.« So die »Vossische Zeitung«. Ihr Prozeßbeobachter war Moritz Goldstein (1880–1977), ein Gerichtsberichterstatter von Rang. Er zeichnete seine Artikel als »Inquit«, was seine lateinkundigen Leser sofort als »Er sagte« verstanden. Er sah und sagte über diesen Prozeß, Sachverständige »werden sich im Verlauf des Prozesses darüber äußern, ob der Tod an Blutvergiftung zu vermeiden gewesen wäre, wenn man nicht auf den ›richtigen‹ Arzt gewartet hätte«. Und so war es.

Goldstein: »Es kam zunächst, von der Braut geholt, die Partei, seine Partei, und schaffte die Papiere weg. Dann kam die Polizei. Dann erst, nach Verlauf einer Stunde, kam der ›richtige‹ Arzt.«

»Aber nicht den Juden Selow«, hatte Horst Wessel verlangt. Der in allen Berichten stets nach dem Klang des Namens der Kleinstadt Seelow an der Oder Selow geschriebene Arzt hieß anders. Nämlich Selo. Er wohnte schräg gegenüber in der Marsiliusstraße 23 und kam, so schnell er konnte. Als Geburtshelfer war er auf nächtliches Herausklingeln gefaßt. Einer der zahlreichen jüdischen Mediziner, zu deren Kunst die Menschen Vertrauen hatten, gerade in dieser Gegend mit nicht zahlungskräftigen Patienten. Dr. Max Selo hatte als praktischer Arzt den Mann von Elisabeth Salm behandelt. Er blieb für sie der Nächste und Beste, und vermutlich hat sie ihn ungeachtet des Verbots geholt.

Als Dr. Max Selo in der Wohnung Salm eintrifft, sieht er sich Männern gegenüber, die ihn nicht zu dem Verletzten lassen. Er wird davongejagt. SA-Sturmführer Fiedler steht im Korridor: »Ein Jude hat unseren Wessel nicht anzurühren!«

Schon zuvor hatte er der Wirtin, die ihm von dem zu erwartenden Arzt erzählt hatte, gesagt: »Kommen Sie ja nicht mit dem Juden; den schmeiß ich die Treppe hinunter, daß er sich das Genick bricht!« Das sind Sätze aus den Protokollen.

Elisabeth Salm weiß mittlerweile, daß sie diese Lösung ihres Problems mit dem Mieter nicht gewollt hat. Der liegt noch immer ohne ärztliche Hilfe blutend in seinem Zimmer.

Alles wartet nun auf einen anderen Arzt. Bis er erscheint, vergeht viel kostbare Zeit. Sie verkürzt die Lebenszeit des Sturmführers Wessel.

Während sich bei Baer in der Kneipe die Roten Frontkämpfer wieder versammelt haben und zum Schweigen eher bedroht als verpflichtet werden von Max Jambrowski ..., während Ali Höhler und Rückert wer weiß wohin unterwegs sind ..., während die Nachricht über den fatalen Vorfall sowohl das Karl-Liebknecht-Haus als auch den Berliner Nazi-Gauleiter Dr. Goebbels erreicht ..., während Dr. Max Selo mit innerlichem: »Dann werden sie, nebbich, bald einen Helden haben« nach Hause geht, warten sie in der Großen Frankfurter Straße 62 immer noch auf den richtigen Arzt.

Das dauert.

Also beschäftigen wir uns inzwischen mit Horst Wessels engstem Freund, Kumpel und Kumpan, dem erwähnten Sturmführer Richard Fiedler, einem gelernten Kunst- und Bauschlosser; ein halbes Jahr jünger als Wessel.

Geboren in Berlin. Mitgliedsnummer der NSDAP, der Nazipartei, 33 777. Träger ihres goldenen Ehrenzeichens. Fiedler trug das Silberne Ehrenzeichen des Gaues Ruhr und bekam später das Gau-Ehrenzeichen des Gaues Wartheland für Volkstumspolitik. (Unter »Gau« verstand man seinerzeit eine Art Bezirk.) So steht es im Reichstagshandbuch, denn nach Hitlers Machtergreifung wird Richard Fiedler Mitglied des Deutschen Reichstags. Die erwähnten Ehrungen, zumeist mit Geld und einem Bankett verbunden, wollen wir ihm nicht verübeln. Jede Regierung ehrt ihre Stützer. Falls Fiedler lange genug lebte (vielleicht lebt er noch?), hätte er ein Bundesverdienstkreuz bekommen können, wer weiß.

»Schon sehr jung in der kämpfenden nationalsozialistischen Bewegung und später aktiv im Kampf der nationalsozialistischen Bewegung um ein deutsches Berlin ...«, als ob die deutsche Hauptstadt sonstwem gehört hätte vor 1933 und keine deutsche Stadt gewesen sei – aber so formulierten sie, die Nazis.

Richard Fiedler war seit 1921 Mitglied des Bismarckbundes und gehörte damals verbotenen militärischen Kampfverbänden an. 1924: SA-Mann. Ende 1926: Scharführer. 1929: Sturmführer des SA-Sturmes 1, Standarte IV, und »Politischer Leiter Ortsgruppe Berlin Alexanderplatz, aus der Horst Wessel hervorging«. Wessels Name schmückte seinerzeit jeden Lebenslauf. 1931: Sturmbannführer des Sturmbanns I/IV »im roten Berliner Wedding, seit 15. September 1931 zum Standartenführer befördert und Führer der Standarte VI. 1933 zum Führer der SA-Untergruppe Berlin-Ost ernannt«.

Im März 1933 kam es zu einer Ehrung für Richard Fiedler. In der Parochialstraße 29 stand eingequetscht zwischen Wohngebäuden ein kleines Haus, das Ernst Friedrich (1894–1967) gehörte. Das Erlebnis des Weltkrieges machte ihn zu einem leidenschaftlichen Bekämpfer des Militarismus: »Deutschland will den Frieden – dachte ich. In einer Republik des Friedens muß es doch auch ein Friedensmuseum geben – dachte ich.« Ernst Friedrich trug eine Dokumentation zusammen, für die er in dreizehn Verurteilungen über drei Jahre Gefängnis bekam und auch im Konzentrationslager war,

Friedrichs »Antikriegsmuseum« in der Parochialstraße 29

Das »Richard Fiedler Haus«, 1933

vor allem wegen Beleidigung der Reichswehr, einer Vorfahrin der Bundeswehr. Über der Tür seines Museums das von Friedrich geschaffene Symbol: Zwei Hände zerbrechen ein Gewehr.

Stahlhelme fungierten als Blumentöpfe. Drinnen waren grausige Fotos zu sehen, die neben internationaler Antikriegsliteratur die sonst kaum offengelegte Wahrheit über den Krieg zeigten. Auch Kriegsspielzeug gehörte dazu. Als die Hitlerpartei immer mächtiger wurde, zeigte Friedrich eine SA-Mütze und eine SA-Armbinde unter einer Käseglocke. Die wurden von drei (!) SA-Männern zurückerobert. Im März 1933 besetzte der SA-Sturmbann II/6 das Haus und gab ihm den Namen des damaligen Führers der Standarte 6: »Richard Fiedler Haus«. Wer weiß, ob er nicht stolz vor der Tür steht auf dem historischen Foto, das aus den Beständen des Anti-Kriegs-Museums stammt, das der Enkel von Ernst Friedrich – Tommy Spree – heute im Wedding betreut und dort Wehrdienstverweigerer berät. In Sichtweite des Leopoldplatzes, der nach dem Fürsten Leopold von Anhalt-Dessau heißt, dem Erfinder des militärischen Gleichschritts. Ernst Friedrichs Erbe am rechten Ort. Die Geschichte liebt nun mal die Ironie.

Ernst Friedrich konnte fliehen, wurde ausgebürgert und kehrte nach 1945 aus dem Exil heim.

Was aber das »Richard Fiedler Haus« angeht – es wurde 1936 bei Erweiterungsbauten für das Stadthaus abgerissen –, so nahm Ernst Friedrich an, solche Ehrung würde nur einem Toten zuteil. Er hatte sich angewöhnt, seinen Gegnern nach ihrem Ableben einen Nachruf zu schreiben, demzufolge verfaßte er in der Emigration Sätze über Richard Fiedler, die dieser wohl nie zu lesen bekam, denn es ging ihm fortan gut. Er überlebte das

Blutbad, das Hitler am 30. Juni 1934 unter seinen SA-Führern anrichtete, und wurde ab 1935 Führer verschiedener SA-Brigaden »im Reich«; und somit Ratsherr der Städte Halle/Saale und Duisburg.

1936 schon Brigadeführer. In seiner vermutlich selbstverfaßten Lebensbeschreibung für das Reichstags-Handbuch heißt es: »In der Zeit schwersten Kampfes angeklagt wegen Vergehen gegen das marxistische System und deren (sic) Verteidiger«. Das war die Weimarer Republik. Fiedler, als sogenannter Rabauke bekannt, stand mehrfach wegen Gewalttätigkeit vor Gericht.

Nun wird es interessanter. Ohne Jahresangabe: »Überstellung von der SA zur Schutzstaffel« – also zur SS –, »Führer des SS-Abschnitts XVII Münster (Westf.) und XXXXIII Litzmannstadt«. So lautete Ende 1939 der Name der polnischen Stadt Łodz. Hier richteten die deutschen Behörden im Frühjahr 1940 das erste Zwangsghetto in Polen ein. »Litzmannstadt« wurde auch Durchgangslager vieler Juden vor ihrer Vernichtung in den Gaskammern.

In Litzmannstadt wohnte Fiedler in der Ostlandstraße 130. Seine Aufgabe: »Aufbau und Organisation der SS im Ost-Warthegau (ehem. russ. poln. Gebiete).« Er ist präzise. »Feldzug Rußland: Mittelabschnitt und Kaukasusfront. SS-Obersturmführer der Waffen-SS in einer Panzergrenadier-Division.«

So nachzulesen im Handbuch »Der Großdeutsche Reichstag. IV. Wahlperiode. Beginn am 10. April 1938« – und bei Erscheinen des Buches im November 1943 las sich der folgende Satz wie unfreiwillige Ironie –, »verlängert bis zum 30. Januar 1947.« So ist das mit den Voraussagen.

Was aus Fiedler geworden ist? Das US-Document-Center, aus dem Angaben recht mühsam und nur durch Umweg zu erhalten sind, sagt lediglich, daß der Vorgang Fiedler im Februar 1945 schließt »und keine Angaben über das Todesdatum enthält«. Fiedler, getreu seinem Antreten, könnte bei den Kämpfen gegen Juden und Bolschewisten umgekommen sein.

Wenn wir SS-Obersturmführer Richard Fiedlers Lebensweg betrachten – er ist, falls er es erlebte, 1945 bei Kriegsende gerade 37 Jahre alt.

Oder lasen wir soeben Horst Wessels Karriere, hätte er Elisabeth Salm die geforderte Mieterhöhung bezahlt?

Der richtige Arzt

Schließlich erschien in der Wohnung Salm der als SA-Oberarzt Ost praktizierende Dr. med. Leonardo Conti, Jahrgang 1900. Also dreißigjährig. Nach Hitlers Machtergreifung wird er Reichsgesundheitsführer. Seine Spezialität: Rassenpflege. 1945: Selbstmord. Dr. Conti darf als SA-Oberarzt den angeschossenen Sturmführer anfassen. Jedoch hat ein Rettungswagen den blutenden Wessel bereits zum Krankenhaus Friedrichshain gebracht. Dr. Conti fährt hinterher.

Später schreibt er in seinem Journal, daß der Verletzte gegen 23:10 Uhr mit dem Rettungswagen in das Krankenhaus Friedrichshain gebracht worden ist. Befund: »Schuß in den Mund gegen den Oberkiefer etwas nach links. Nebenader der linken Halsschlagader zerrissen. Wo die Kugel steckt, noch unbekannt, anscheinend am Halswirbel und nicht im Gehirn, Zunge dreiviertel, Zäpfchen ganz fortgerissen, schlimme Verwüstung des Gaumens, obere Vorderzähne (ein oder zwei) weggeschossen.«

Schlimm genug. Der Todeskampf dauert fünf Wochen.

Ein anderer Arzt, der Gerichtsmediziner Dr. Waldemar Weimann, der Wessel obduzierte, erklärt in seinen Erinnerungen, daß Wessel zwei Liter Blut verloren habe, »weil ärztliche Hilfe so sinnlos verzögert wurde«. Den Satz wollen wir uns merken. »Und da die komplizierte Wunde nicht rechtzeitig desinfiziert werden konnte, besteht die Gefahr, daß Bakterien, Pulverreste und Schmutz in die Tiefe gedrungen sind.«

Also hat die Judenfeindschaft zum Tode beigetragen.

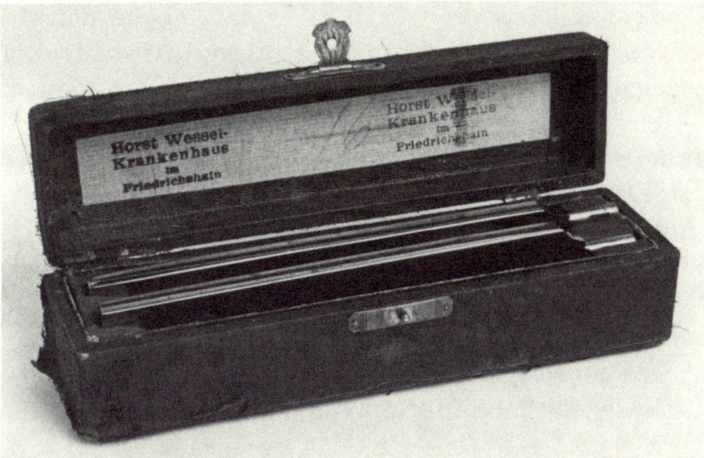

Instrumentenkasten aus dem »Horst-Wessels-Krankenhaus« in Berlin-Friedrichshain, 1935

Der Verteidiger Ali Höhlers, Dr. Apfel, wollte den namhaften Gerichtsmediziner Weimann als Zeugen dafür benennen, daß Horst Wessel nicht hätte sterben müssen, wäre die ärztliche Versorgung der Wunde nicht hinausgezögert worden. Dieser Beweisantrag wurde abgelehnt, denn »nach dem deutschen Strafrecht konnte als Todesursache nur der Schuß gelten, der die weitere Kette von Ursachen und Wirkungen ausgelöst hatte«, so Dr. Weimann.

Die Obduktion nahm Dr. Weimann mit seinem Kollegen Dr. v. Mahrenholz vor: »Große Operationsschnitte am Hals zeugten von dem verzweifelten Kampf, den die Ärzte des« – aus irgendeinem unbekannten Grunde erscheint immer wieder der Name des St.-Joseph-Krankenhauses. Aber Wessel lag im Krankenhaus Friedrichshain, das später seinen Namen verliehen bekam und trug bis zum Ende der Naziherrschaft.

»Schließlich aber«, so Dr. Weimann, »hatte der geschwächte Körper nicht mehr genügend Abwehrstoffe gegen die Erreger der Blutvergiftung aufbringen können. Durch schmutzig-graues, von Eiter durchsetztes Gewebe drangen wir bis zu dem großen Adergeflecht des Halses vor. Die große Halsschlagader war durch den Zersetzungsprozeß angefressen worden und mußte plötzlich aufgebrochen sein. Horst Wessel war innerlich verblutet. Es stand einwandfrei fest: Die Schußwunde war Ursache der tödlichen Blutvergiftung.«

Sie kam gelegen.

Die eigene Parteiführung nutzte den Fall.

Ehe wir uns der anschließenden offiziellen Geschichtsschreibung überlassen, möchte die Geschichte, eine seit Urvätertagen tätige Dame, daß wir lesen:

Die beiden SA-Führer von Engelbrechten und Volz schildern in ihrem 1937 erschienenen Buch über das »Nationalsozialistische Berlin« den Vorfall. Wessels Zimmer »(Besichtigung jederzeit), das wieder ungefähr in den ursprünglichen Zustand versetzt ist, wird von einer Frau betreut, die schon zu Horst Wessels Lebzeiten dort wohnte und diesem besonders in den letzten Wochen vor dem Überfall hilfreich zur Seite stand«.

Elisabeth Salm kann das schwerlich gewesen sein, denn sie kam, sobald Hitler Reichskanzler geworden war, in Schutzhaft, wie das hieß.

Die Braut Erna Jaenichen, den Führern wegen ihrer Herkunft wohl nicht sehr angenehm, sie tauchte unter und entfernte sich von den Nazis, was das klügste war. Sie heiratete und klagte erfolgreich als Erna Felgner gegen die Darstellung ihrer Person in dem Horst-Wessel-

Roman von Hanns Heinz Ewers, den sogar die Nazis verboten.

Wer also war jene Engelbrechten-Volzsche Frau, die Horst Wessel »vor dem Überfall hilfreich zur Seite stand« und dort zu seinen Lebzeiten wohnte? Hat sich jemand, wie das nicht selten vorkommt, hinterher als engste Betreuerin angeboten?

Jedenfalls wurde Horst Wessels Mansardenzimmer in der Großen Frankfurter Straße 62 zur Gedenkstätte. Schulkinder aus dem Bezirk Friedrichshain, der nach 1933 umbenannt wurde in »Bezirk Horst Wessel«, besuchten an Schulwandertagen diese Etage, und etliche erinnern sich bis heute an das Erlebnis, denn der getötete Student tat ihnen leid. Völlig verständlich. Bei entsprechender Vorbereitung glauben kleine Schulkinder alles, fast alles.

Da ist der Blutfleck an der Wand – von Luthers Tintenklecks an der Wartburgwand erfahren sie später – ein anschauliches Mahnmal.

Aber die Gedenkstätte wurde nicht erst 1933 eingerichtet. Die Sache ist viel schöner.

Der erwähnte Gerichtsmediziner Dr. Waldemar Weimann erhielt um 1960 einen Brief aus den USA. Von Dr. Max Selo. Die beiden kannten sich.

Dr. Selo, der jüdische Arzt, der Wessel nicht anfassen durfte – an ihm hätten die Nazis vielleicht später Rache genommen, weil er ihrem Sturmführer Wessel *nicht* geholfen hatte; wer kennt sich denn aus in den Gehirnen der Machthaber? Dr. Max Selo war beizeiten emigriert.

Nun schrieb er nach langen Jahren – so Weimann in seinen Erinnerungen – ihm diese Episode: »Kurze Zeit nach dem Tode Horst Wessels wurde Frau Salm von den Nazis beauftragt, das Mordzimmer als Museum einzurichten. Sie wußte nicht, wie sie das machen sollte, und bat mich um meinen Beistand.«

Der Hausarzt war wohl der einzige gebildete Mensch in ihrem Umkreis, von dem sie sich auch im Falle solcher Beschwerden Hilfe erhoffte. »Ich konnte dieser verängstigten Frau die Bitte nicht abschlagen und gab ihr meine Ratschläge.«

So ist Horst Wessel aus der Jüdenstraße, der die Juden so haßte, sie nicht einmal im Tode losgeworden. Der jüdische Arzt, der ihn nicht anfassen durfte, wurde sein Gedenkstättenberater.

Der im Band September 1930 der »Vossischen Zeitung« nach Berichten über diesen Prozeß blätternde Leser stößt auf den Alltag nah und fern. Eine Meldung in der Morgenausgabe vom 26. September 1930: Die GPU (damals Geheimpolizei der UdSSR und Vorgängerin des KGB) hat 48 »leitende Spezialisten, Direktoren und Ingenieure des Fleischtrusts und einiger großer Fischgesellschaften erschießen lassen«. Vorwurf: künstlich organisierte Hungersnöte. Die Zeitung meint zu Recht, daß die Fleischnot durch die überstürzte Kollektivierungspolitik entstanden sei. Da helfen auch keine Geheimverfahren gegen »unversöhnliche Feinde«. Die »Vossische« kommentiert ihre Nachricht aus der Sowjetunion – und solche Texte gehören in die Schulbücher –, »daß die Erschießungen die Lebensmittelvorräte vermehren werden, muß bezweifelt werden«.

Der Schuß war in dieser stillen Nacht bis unten gehört worden. Wenig später stürzten die am Überfall Beteiligten aus dem Haus und verschwanden. Kandulski erblickte den armen Epstein, der brav auf seinem Posten verharrte, wo auch immer, und drückte ihm im Weglaufen den Gummiknüppel Horst Wessels in die Hand. Das ist die einzige Berührung, die Epstein je mit Horst Wessel hatte.

Nun stand er da mit dem Polizeischläger in der Hand, etwa 35 cm lang, aus Vollgummi. Er stopfte ihn in den nächstbesten Gully und lief den anderen hinterher. Weg, weg, den letzten beißen die Hunde. Zuweilen erwischen sie den ersten.

Ali Höhler gab seine Pistole weiter an Max Jambrowski. Der ließ das heiße Eisen in den Händen der Parteiführung im Karl-Liebknecht-Haus verschwinden. Dort lieferte auch Josef Kandulski die entwendete Waffe Horst Wessels ab, eine 7,65.

Nach und nach fanden sich die Beteiligten wieder bei Baer in der Dragonerstraße ein, wo Max Jambrowski alle ins Vereinszimmer rief und erklärte: »Wer etwas verrät, dem geht es genauso wie Horst Wessel!« Merkwürdig, solche durch Drohung zusammengehaltene Gruppe. Unsichere Geschlossenheit und erpreßte Disziplin im Kampfbund der Gleichgesinnten? Aber warum sollte es nicht so sein.

Jeder wußte, daß der Überfall und der Schuß nicht unbemerkt bleiben konnten. Die Täter mußten untertauchen. Aber wo?

Ernas: »Du, Ali?« würde der Polizei den Weg weisen.

Anderntags bekam Elisabeth Salm eine Postkarte. Absender: das Karl-Liebknecht-Haus. Die Zentrale der Kommunistischen Partei Deutschlands. Frau Salm möchte hier vorsprechen. Was sie in ihrer hilflosen Verwirrung über das Geschehen sogleich tat. Es war derselbe Weg wie am Dienstag abend. Nur endete er wenige Straßen vor der Dragonerstraße, wo das Parteihaus an der Weydingerstraße/Ecke Kleine Alexanderstraße steht. Rund drei Jahre später wird es Horst-Wessel-Haus heißen ... Ihr wird nahegelegt, auszusagen, daß es sich nicht um Politik, sondern um die blutige Auseinandersetzung zweier Zuhälter gehandelt habe. Sie wußte es besser. Sagte daher später vor Gericht die Wahrheit: Wessel war kein Zuhälter.

Aber als solcher paßte er der KPD-Führung vorzüglich ins politische Bild. Am 16. Januar steht in »Berlin am Morgen«: »Ein Racheakt wegen häuslicher Streitigkeiten. Die Politische Polizei, die zuerst den Fall zu bearbeiten begonnen hatte, hat die Sache bereits an das zuständige Kriminaldezernat abgegeben, weil sie sich in dieser rein kriminellen Affaire als nicht zuständig ansah.« Das Blatt nennt Wessel mit Vornamen Ludwig; es stimmt und es stimmt nicht.

Der Abgang war überhaupt nicht vorbereitet worden. Also kein geplanter Mord!

Wohin, wohin? Höhler und Rückert fragten Hermann Kupferstein, einen Funktionär der KPD, der um die Ecke in der Rückerstraße 3 wohnte. Kupferstein brachte die beiden in die nahegelegene Rosenthaler Straße 43. Dort wohnte ein Funktionär der »Roten Hilfe«. Hermann Schmidt. Er war aber nicht zu Hause, sondern kehrte erst

SA.-Führer aus Eifersucht umgelegt

In der Nacht vom Dienstag zum Mittwoch wurde der Nationalsozialist und SA.-Führer, der Student Wessel, in seiner Wohnung im Hause Große Frankfurter Straße 62 niedergeschossen. Trotzdem von Anfang an nicht der geringste Anhaltspunkt vorhanden war, daß diese Tat irgendwelche politischen Hintergründe hat, ließ der Polizeibericht durchblicken, daß es sich um einen „kommunistischen Mord“ handele.

Prompt begann auch in der gesamten Presse eine großangelegte Hetze gegen die Kommunistische Partei. Erst einen Tag vorher hatte man versucht, aus dem Verschwinden des Kunstmalers Schwarz, der ebenfalls Nationalsozialist ist, einen kommunistischen Mord zu konstruieren. Aber hier wurde die Hetze dadurch zunichte gemacht, daß sich der „Ermordete“ durch eine Ansichtskarte bei seinen Angehörigen als noch lebend meldete. Nach den neuesten Feststellungen, die zu dem Ueberfall auf den Studenten Wessel gemacht wurden, handelt es sich hier anscheinend um einen persönlichen Racheakt, bei dem auch eine Frau mitspielt.

Der Student Wessel bewohnt mit einem 18jährigen Mädchen gemeinsam ein Zimmer bei einer Frau Salm. Mit der Vermieterin war die Küchenbenutzung ausgemacht worden. Wegen der Küchenbenutzung ist es zwischen der Wirtin und der Freundin des Wessel des öfteren zu Differenzen gekommen. Am Abend der Tat kam es wiederum zu einem Zwischenfall. Die Wirtin verließ daraufhin die Wohnung, um „gute Freunde“ von dem Vorfall zu verständigen. Um 10½ Uhr abends klopfte es plötzlich an der Tür und drei Leute verlangten Wessel zu sprechen. Sie drangen dann in das Zimmer ein und schossen Wessel nieder. Wessel bekam einen Schuß in den Mund. Er wurde nach dem Krankenhaus gebracht.

Trotzdem von Anfang an feststand, daß diese Tat keinesfalls politische Hintergründe hat, wurde in dem Polizeibericht der Verdacht ausgesprochen, daß Kommunisten beteiligt sind. Ein neuer Beweis dafür, in welchem Maße durch offizielle Polizeiberichte Kommunistenhetze getrieben wird.

»Die Rote Fahne« am 16. Januar 1930

am anderen Morgen betrunken heim, ging gleich schlafen und konnte sich deshalb nicht über die beiden Gäste im Wohnzimmer wundern, denen Frau Schmidt und ihre Tochter Käthe ein Nachtlager bereitet hatten. Das war proletarische Selbstverständlichkeit.

Am 16. Januar berichtete »Die Rote Fahne«: »SA.-Führer aus Eifersucht umgelegt.« Dann: »Trotzdem von Anfang an nicht der geringste Anhaltspunkt vorhanden war, daß die Tat irgendwelche politischen Hintergründe hat, ließ der Polizeibericht durchblicken, daß es sich um einen ›kommunistischen Mord‹ handele.«

Nun konnten Höhler und Rückert nicht länger bei Schmidts bleiben. Zwar verbrannten sie die Zeitungen, in denen stand, was nun alle wußten, aber die beiden Frauen Schmidt wollten die sie belastenden Gäste loswerden. So schnell wie möglich.

Käthe Schmidt, die Tochter, arbeitete als Stenotypistin bei der »Inseratenexpedition für Arbeiter«. Inhaber war Theodor Will. Sie erzählte ihm, wer in der elterlichen Wohnung hockte.

Will besprach die Sache mit seinem Kompagnon, dem 54jährigen Wilhelm Sander. Noch am Vormittag des 16. Januar holte ihr Firmenauto, eine graue Buick-Limousine, die beiden Männer bei Schmidts ab und brachte sie, eingekleidet mit Hut und Mantel von Schmidt, nach Glienicke (Nordbahn) in die Villa Sander.

Die Villa Sander in der Schönfließer Straße steht bis heute. Ein schönes, längst baufälliges Haus aus der Jahrhundertwende. An der Grenze gelegen, die diesen Berliner Vorort, der zum Lande Brandenburg gehört, seit 1961 von Westberlin trennte. Bis zum Fall der Mauer diente die Villa den Grenztruppen und/oder der Staatssicherheit.

Sander und Will wurden später verhaftet. Es gab Haussuchungen, auch später, als die Nazis herrschten, schließlich Enteignung und Konzentrationslager. Auf dem Waldfriedhof in Glienicke sind in der Abteilung für Verfolgte des Naziregimes die Urnen von Wilhelm und Marta Sander beigesetzt.

Streng geheim und gut verborgen lebten Höhler und Rückert in der Sanderschen Villa. Und lasen Zeitungen.

Wo Rückert nach einer Woche untertauchte, blieb unbekannt. Er hatte nicht geschossen, bildete daher kein solches Parteirisiko wie Ali Höhler. Der bekam Verhaltensmaßregeln, falls er verhaftet werden sollte. »Ich sollte erklären, Wessels Braut sei früher die meine gewesen. Ich hätte sie ihm abspenstig gemacht, und dadurch sei es zu einem Zusammenstoß gekommen.« Da hätte doch logischerweise Horst Wessel zu Höhler in die Wohnung kommen müssen in die Mulackstraße 13, oder?

Höhler wurde fotografiert. Ein Paßbild. Für den Reisepaß, der aus dem Karl-Liebknecht-Haus kam, von wo

Villa Sander in Glienicke (Nordbahn), Anfang 1991

Das Grab von Marta und Wilhelm Sander auf dem Waldfriedhof in Glienicke (Nordbahn)

aus man die unangenehme Sache überwachte und anordnete: Höhler muß nach Prag!

Im Buick von Sanders fuhr Theodor Will mit Höhler bis zur Grenze. Nahe bei Ebersbach in Sachsen. Als weiterer Fahrgast war dabei der 44jährige Viktor Drewnitzki, der mit Höhler bei Georgswalde und Philippsdorf unaufgehalten die Grenze zur Tschechoslowakei überquerte. Drewnitzki, von Beruf Parteisekretär, hatte zuvor von Will 250,– Reichsmark ausgehändigt bekommen. Die stammten von der KPD-Zentrale. Das war keine kleine Summe, und Ali Höhler sollte davon seinen Lebensunterhalt bestreiten. Nur wußte er nichts davon, als beide in Prag ankamen und Drewnitzki den Flüchtling bei einer sympathisierenden, was die Arbeiterbewegung betraf, tschechischen Familie ablieferte.

»Mach's gut, Ali ...« Drewnitzki fuhr zurück nach Berlin und behielt die 250,– Reichsmark in der eigenen Tasche. Quittung gab es keine; Höhler war versorgt und würde nicht wiederkommen.

Doch am 3. Februar war Ali wieder in Berlin.

Er fühlte sich todunglücklich in der kinderreichen Prager Familie, in der man nur Tschechisch sprach. Er war mittellos. Niemand kümmerte sich mehr um ihn. Man geleitete ihn nicht weiter bis in die Sowjetunion, wie er gehofft und wie man ihm zur Beruhigung versprochen hatte. Das mag sein Glück gewesen sein, denn er hatte wie so viele deutsche Kommunisten seine Illusionen über dieses Land.

Wenn man kein Geld hat, ist auch Prag nicht mehr wunderschön. Ali wußte, wenn er mit seinem falschen Paß aufgegriffen und ausgeliefert werden würde, daß es ihm zu Hause schlecht gehen mußte. Er lernte wohl noch eine Frau kennen, die ihm half, und so kam er mit den letzten Pfennigen in der Tasche am Anhalter Bahnhof an. Er suchte und fand Unterschlupf bei einem Genossen, der am Koppenplatz wohnte. Wie weiter?

Höhlers Problem löste sich, als ihn anderntags ein siebenköpfiges Polizeikommando verhaftete. Seltsamerweise hatte die Behörde von jemandem, der nicht genannt sein wollte, erfahren: Ali Höhler ist greifbar!

Das heißt, die KPD wollte ihn los sein.

Folglich steht am 9. Februar in linken Blättern zu lesen: »Lockspitzel Ali packt aus«. Schnell ist er zum Vertrauensmann der Polizei gewandelt worden. »Immer mehr häufen sich die Beweise, daß Höhler seine Flucht nur inszenierte, um zurückzukehren und alle Personen, die sich mit ihm befaßt hatten, zu verraten.« So gibt ihn seine Partei preis und nennt ihn öffentlich in der Zeitung

Die entlarvten Spitzelmethoden der IA

Polizeivigilant Ali Höhler soll ihre Lügen decken

Die Abteilung IA des Polizeipräsidiums, deren trübe Methoden in Sachen Höhler die „Rote Fahne“ entlarvt hat, will sich mit neuen „Aussagen“ des Spitzels Ali aus der Tinte helfen. Großspurig verkündet der neueste Polizeibericht, man habe Höhler die Feststellungen der kommunistischen Presse über ihn vorgelegt und der Polizei-Vigilant habe nunmehr erklärt, daß die Polizei nur deshalb keine Parteiausweise der KPD. bei ihm gefunden habe, weil diese „vorher verbrannt“ worden seien. Dieser neuen Spitzellüge gegenüber stellen wir erneut fest:

1. Der Lockspitzel hat **niemals** ein **Mitgliedsbuch der KPD.** verbrennen können, weil er **nie eins besessen hat!**

2. Das ganze Märchen von seinen Parteiausweisen ist ebenso plumper Schwindel wie die seinerzeitige Behauptung, man habe bei Höhler einen **falschen Paß** gefunden, den er von irgendeiner Instanz der KPD. bekommen habe. **Auch dieser Paß hat niemals existiert.** Jeden Polizeibeamten, jede Leuchte der IA, die erneut trotz unserer Feststellungen das Märchen über den angeblichen falschen Paß oder das angebliche Mitgliedsbuch des Polizeispitzels Höhler aufnehmen würde, **bezeichnen wir ausdrücklich als plumpen Schwindler!**

Im übrigen wird die gane Methode, mit der man das Spitzelkomplott in diesem Fall gegen die KPD. inszenierte, immer deutlicher. Neuerdings versucht man, durch Verhaftung eines Funktionärs der Roten Hilfe auch diese hineinzuziehen. Wir haben bereits festgestellt, daß

die Rote Hilfe dem Lockspitzel Höhler wegen seiner rein kriminellen Zuhälterbluttat selbstverständlich ebensowenig irgendwelche Unterstützung zuteil werden ließ, wie die Kommunistische Partei.

»Die Rote Fahne« am 9. Februar 1930: »Rein kriminelle Zuhälterbluttat«

den »Mörder des nationalsozialistischen Zuhälters Wessel«. Der lebt zwar noch, aber so wird die Partei alle beide los.

Nun steht einem Prozeß nichts mehr im Wege.

Und welcher Berliner Kommunist will jetzt noch mit Ali, dem Spitzel, etwas zu tun haben?

Inquit, der kundige Gerichtsliterat, beschreibt in seinem Prozeßbericht die beiden. Höhler und Rückert, den hatte man auch gefaßt, denn die Berliner Polizei funktionierte damals ungewöhnlich oder selbstverständlich gut: Beide sind hochgewachsen, kräftig, gut gebaut und hellblond.

Da hätten sie doch auch in die entgegengesetzte Partei gepaßt ...

Das kommt schließlich öfter vor. Menschen geraten durch Zufall oder Absicht, wie auch immer, in eine Richtung. Und merken oft nicht, daß es zum Wechseln zu spät ist. Aber nicht immer, wenn wir an Horst Wessels gut besetzte Schalmeienkapelle denken.

Inquit, wo findet man heute seinesgleichen in deutschen Blättern, beobachtet genau: »Erwin Rückert versucht im Ton des heitern Biedermannes die Vorgänge harmlos darzustellen und den unbequemen Fragen durch Berufung auf die Sitten des Proletariats auszuweichen.«

Warum er sich für berechtigt gehalten habe, in die Wohnung der Frau Salm hinaufzugehen und dort Faustrecht zu üben?

Rückert: »Sehen Sie, Herr Vorsitzender, das ist bei uns so. Wenn eine hilflose Frau Schutz braucht, dann schützen wir sie.«

Ja, Erwin Rückert bietet dem Vorsitzenden sogar an, sich mit dem Proletariat vertraut zu machen. Es sitzen und stehen sich, nach wie vor, zwei Welten gegenüber, von denen jede kaum etwas von der anderen weiß.

Inquit bemerkt dazu: »Und also, wenn der Vorsitzende den Vorschlag Erwin Rückerts annähme und mit ihm vier Wochen im Proletariat lebte, um es kennenzulernen: welches sollte er für das echte Proletariat halten? Dasjenige, in dem der eine der Bruder des anderen ist, oder dasjenige, in dem der Vertrauensmann den Schützling um die Mittel des Unterhalts betrügt und der Unangefochtene den Verfolgten der Polizei ausliefert? Wahrscheinlich würde der Vorsitzende aus dem Anschauungsunterricht die Lehre ziehen, zum Proletariat gehören sowohl anständige Leute als auch Schurken, und wahrscheinlich würde er finden, es sei dort nicht anders als in der menschlichen Gesellschaft überhaupt.«

Und damit ist beinahe schon alles gesagt in diesem Buch.

Zum Helden geformt

Während sich die Zeitungen mit der Ergreifung Höhlers beschäftigen, quält sich Horst Wessel in seinem Krankenbett.

Es waren in Berlin in den letzten Jahren manche SA-Leute erschossen oder erschlagen worden – und nicht weniger Kommunisten, andere *nur* Polizisten –, aber keiner gab propagandistisch so viel her wie Horst Wessel, der junge, blonde Kämpfer mit Charisma, was Gnadengabe bedeutet und im übertragenen Sinne überdurchschnittliche Führungsqualität.

Vom Abend des 14. Januar 1930 bis zum 23. Februar lag er verwundet. Eine Woche nach dem Überfall nicht mehr beachtet von der Presse. Auch nicht der eigenen.

Damit es bemerkt sei: Horst Wessel war nicht *der* Horst Wessel, der er nach seinem Tode wurde. Ali Höhler hatte einen Sturmführer angeschossen, aber nicht IHN. Den deutschen Helden.

Außerdem hatte die Öffentlichkeit ganz andere Sorgen. Immer neue Sparmaßnahmen. Höhere Mieten, höhere Ausgaben, zunehmende Arbeitslosigkeit. Ungeachtet solcher Klagelaute von unten sind die Reichen reich, das Theater- und Kunstleben blüht und läßt bis zur nächsten Jahrhundertwende die späteren Betrachter von den Goldenen Zwanzigern schreiben, was ja auch stimmt. Solche Vielfalt, solches Blühen gibt es nicht mehr. Weder unter der Reichskulturkammer noch unter den Fittichen des Senats, der nach 1990 allzuviele Kultureinrichtungen Ostberlins einebnen läßt, als wären sie unzumutbar. Für Kultur fehlt Geld. Mehr als damals, nach der Inflation.

Wie dem auch sei, am 7. Februar 1930 wird zum erstenmal öffentlich bei einer Nazi-Kundgebung im Berliner Sportpalast das Lied gesungen, als dessen Urheber Horst Wessel gilt: »Die Fahne hoch«. Davon wird gleich zu erzählen sein.

Wessel liegt schwer verletzt. Es fällt auf, daß der Berliner Gauleiter den Todeskandidaten zwar besucht, ihn aber erst dann öffentlich würdigt, als er gestorben ist. An Blutvergiftung, wie man früher sagte. Das erinnert uns an den falschen Arzt.

Am 23. Februar ist der junge Mann gestorben. Aber erst am 27., kurz vor der Beerdigung, steht der Artikel: »Die Fahne hoch!« im Goebbelsschen »Angriff«.

Dort endlich beschreibt auf sentimentale und damit an Herz und Nieren gehende Art der Gauleiter seine Eindrücke. Am Abend, als ihn der Anruf erreichte: »Horst Wessel ist soeben niedergeschossen worden.« Es ist keine gute Nachricht, das weiß jeder, aber: »Zitternd vor innerem Grauen die bange Frage: ›Tot?‹« Und später, als er den Schwerverletzten besucht: »Ich kenne ihn kaum wieder. Er aber ist eitel Freude und Glück. Seine hellen, klaren Augen leuchten auf; wir können nicht viel reden. Der Arzt hat ihm jede Aufregung verboten. Er sagt nur immer wieder die paar Worte: ›Ich freue mich.‹«

Ich freue mich? Worüber? Bei Goebbels: »Er braucht das gar nicht zu sagen. Denn man sieht es ihm gleich an. Unter Blut und Wunden« – eine Anspielung auf den Choral?, der aber meint Jesus – »ein junges, leuchtendes Lächeln. Er glaubt noch.«

So wird nach seinem Tode der Held und Märtyrer der Partei zubereitet.

Dann: »Mitten in diesem hageren Gesicht steht scharf

Joseph Goebbels, 1930, Zeichnung von Grulich

und gebieterisch die Nase, darüber funkeln zwei helle Augen. Schon im Fieber? Er kann nichts essen; seine Kräfte nehmen zusehends ab, aber der Geist ist frisch und regsam. Lesen darf er nicht. Nur erzählen, erzählen.« Mit zerschossenem Mund?

Hat er nicht für sein Publikum den Mann am Kreuz vor Augen, der Dr. Goebbels, wie er ihn so beredt schildert? »Draußen im Garten steht eine einsame Mutter. Ihr Blick ist eine einzige große Frage. ›Wird er es schaffen?‹.«

Dann das Ende, das nicht vorenthalten werden darf: »Sein Gesicht ist wachsgelb, die Wunden sind noch verdeckt mit weißem Verband. Schwarz stehen auf dem schmalen Kinn die Stoppeln. Die Augen sind halb offen und starren gläsern ins Leere: in die Unendlichkeit, die noch vor uns allen droht.«

Wüßte man nicht, daß Dr. Goebbels sich einst vergeblich um eine Anstellung beim »Berliner Tageblatt« bemüht hatte beim Chefredakteur Theodor Wolff – der wurde 1943 sterbenskrank aus dem Exil in Frankreich durch Konzentrationslager geschleppt bis nach Berlin, wo er sterben durfte –, man würde diesem Goebbels eine Schreiberzukunft in mancher Redaktion voraussagen, heutzutage.

Dann wird er mystisch im Nachruf. Das ist solchen Bewegungen, die sich nicht an den Verstand wenden, eigentümlich. Und lockt immer wieder neue Anhänger. »Nach Kampf und Streit liegt hier stumm und regungslos das, was sterblich an ihm war. Aber, ich fühle es fast körperlich sicher, sein Geist stieg auf, um mit uns allen weiter zu leben.« Da bringt er seinen Lesern den neuen Heiland bei, die Auferstehung, den heiligen Geist. »Er hat es selbst geglaubt und gewußt, er gab dem hinreißend Ausdruck: er ›marschiert in unseren Reihen mit!‹«

Es ist an der Zeit, von Wessels Lied zu reden.

Mir ging es damit so: Ohne zu wissen, wer dieser Horst Wessel war, lernte ich als Schulkind sein Lied kennen. Kannte es aber schon vor der offiziellen Einführung als Nationalhymnen-Anhang. Es wurde, mehrfarbig gedruckt, schon vor Hitlers Reichskanzlerschaft verteilt. Schön kitschig der Träger des Hakenkreuzbanners. Seit ich am 1. April 1932 eingeschult worden war, mit Gottesdienst, grüßten wir morgens den Lehrer mit »Guten Morgen«.

Es wurde gebetet und öfter ein Lied aus dem Gesangbuch gemeinsam gesungen. So war das.

Als Hitler Reichskanzler geworden war, änderte sich der Schulmorgen. »Wir grüßen jetzt mit dem Deutschen Gruß!« Es scheint, als ob manche Schulbehörde es gern sah, daß neue Ordnung einzog. Da standen wir mit erhobenem rechten Arm und riefen als gute Dresdener: »Heil Hüdler!« und nahmen alles nicht weiter ernst. Wie Schulkinder in der zweiten Klasse zu jeglicher Zeit.

Nun wurde statt eines Chorals das Horst-Wessel-Lied gesungen und auf dem Schulhof eingeübt. Darin heißt es: »Kame-ra-den, die Rot Front und Re-aks-john erschossen« – halt mal. Reaksjohn, das waren wohl keine Guten. Außerdem hielt ich die ganze Zeile für falsches Deutsch. Meiner Mutter Sprache, inklusive die der Großmutter, gaben mir auf dem Schulhof Zweifel ein. Mußte es nicht heißen: »Kameraden *der* Rot Front?« Ich war fest davon überzeugt, daß die von der Rot Front zu den Kameraden gehörten. War denn nicht der Leichenzug mit den erschossenen Kommunisten an unserem Haus vorbeigezogen zum Tolkewitzer Friedhof? Ich mußte weg vom Fenster, sonst könnte ich ihn besser beschreiben. Das machte mir die Kameraden von Rot Front unerhört sympathisch, während ich mit papierenen SA-

35. Horst Wessellied.

Die Straße frei den braunen Bataillonen! Die Straße frei dem Sturmabteilungsmann! :,: Es schauen aufs Hakenkreuz voll Hoffnung schon Millionen. Der Tag für Freiheit und für Brot bricht an. :,:

Zum letzten Mal wird Sturmalarm geblasen! Zum Kampfe stehn wir alle schon bereit. :,: Bald flattern Hitlerfahnen über allen Straßen, die Knechtschaft dauert nur noch kurze Zeit! :,:

Die Fahne hoch! Die Reihen fest geschlossen! SA. marschiert mit ruhig festem Schritt. :,: Kameraden, die Rotfront und Reaktion erschossen, marschier'n im Geist in unsern Reihen mit. :,:

»Sturm- und Kampfliederbuch«, Berlin 1933

Männern spielte, die meine Mutter mir zeichnen, bunt ausmalen und ausschneiden mußte.

Später, im Berliner Schulalltag, wurde das Horst-Wessel-Lied unliebsam, weil man es der Nationalhymne angepappt hatte. Was bedeutete, daß man beide mit erhobenem rechten Arm durchstehen mußte, was sehr anstrengend war. So kommt es, wenn ich heute das »Deutschlandlied« höre, hören muß, immer noch, daß es bei mir, sobald der letzte Ton verklungen ist, im Kopfe nahtlos weitergeht: »Die Fahne hoch!« Ich will das nicht! Es kommt von selber. So ist das, wenn eine neue Regierung sich nicht konsequent vom Alten trennen mag. Und während mir dabei früher der rechte Arm wehtat, schmerzt es heute woanders.

Hitler hatte es besser. Er warf seinen Arm gebeugt nach hinten – wer dürfte das nachmachen? Manche Schüler stützten schon bei »Reihen fest geschlossen« ihren rechten Arm mit dem linken ab. Das sah so erbärmlich aus wie der ganze Vorgang.

Der arme Epstein, den wir bei alledem nicht vergessen haben, begab sich wohl in keine Situation, in der er 1933 das Horst-Wessel-Lied grüßend hätte mitanhören müssen. Es quoll aus allen Rundfunkgeräten bis auf die Straße, wo es auch Lautsprecher gab. Nun drohten Gefahren ... Zum Beispiel in einem Restaurant, das eine Hitlerrede übertragen hatte, und am Schluß ...

Hätte er das Lied mitangehört, konnte es sein, daß man ihn als Judenlümmel verprügelt hätte. Wäre er sitzen geblieben, hätte es schlimmer kommen können.

Als unsereiner, aus der Kriegsgefangenschaft 1948 nach Berlin heimgekehrt, bei mancherlei Anlässen die neuen Melodien vernahm, waren darunter bedrückend alte. Da sangen Leute am 1. Mai lauthals »Brüder zur Sonne, zur Freiheit«, während ich noch »Brüder in Zechen und Gruben« im Ohr hatte und dachte, ich hörte nicht recht. Wer hatte wem die Melodie entwendet? Da sangen und bliesen sie das Lied vom »Kleinen Trompeter« der Kommunisten; der war vor wenigen Jahren noch ein »lustig Hakenkreuzlerblut« gewesen; nunmehr ein »Rotgardistenblut«. Finde sich da einer zurecht.

Mich störten auch die Fanfaren. Es waren womöglich dieselben Instrumente, auf denen uns vormals der Marsch geblasen worden war. »Vorwärts, vorwärts schmettern die hellen Fanfaren«. Nun blies es aus ihnen: »Freie Deutsche Jugend, bau auf«, was allemal ein vernünftigeres Tun ist, als schaurig verklärt: »Heilig Vaterland«, worunter sich ein vernünftiger Mensch ohnehin nichts Rechtes vorstellen kann. Oder vielleicht doch, denn Stauffenberg rief es vorm Erschießen.

Ich dachte aber nicht lange über diese umgedrehten Fanfaren nach, weil ich mich in eine strammbusige Verkehrspolizistin verliebt hatte, die solches Instrument zu blasen verstand.

Wie gesagt, das Horst-Wessel-Lied war der Nationalhymne zweiter Teil gewesen. Daher konnte es nach Kriegsende nicht gleich wieder benutzt werden. Es trug keinen alten oder neuen Text, und seine dritte Strophe konnte man schon gar nicht verwenden, denn da heißt es: »Bald flattern Hitlerfahnen über allen Straßen«. Das hätten die Alliierten nicht zugelassen. Deshalb waren sie schließlich einmarschiert.

Horst Wessel war, vom ersten Weltkrieg aus gerechnet, kein alter Marschierer, sondern ein junger. Er hatte im Bismarck-Bund das Singen gelernt zum Marschtritt.

Zu den Schikanen, die sich die Militärköpfe gegen anständige Menschen ausgedacht haben, gehört der Singezwang. Ein Lied!!! Es ist ja nicht wegen der Melodie, die wäre hinzunehmen, und der Rhythmus erleichtert das Schritthalten; es ist der Text. Daß Gott erbarm! Aber er erbarmt sich nicht gegen die »schwarzbraune Haselnuß«, gegen die »Vögelein am Titicacasee!« oder auch wegen »Dem Ka-harl Lieb-knecht haben wir's geschwo-ren«.

Lassen wir diese Volksdichtung ruhen.

Fleißige Forscher fanden um 1933 allerhand. Der Text »Die Fahne hoch! Die Reihen fest geschlossen!« stammt tatsächlich von Horst Wessel. Schließlich kam er aus einem gebildeten Elternhaus und hatte eine zeitlang studiert.

Aber die Melodie ...

Trüge nicht zu unserem Ergötzen bei, wenn sie aus einer Oper stammte? Es wird behauptet, die Weise hätte Henri Mehul (1763–1818) komponiert für seine Oper, die 1807 in Paris auf die Bühne kam. Ihr Titel – man glaubt es kaum – lautet: »Joseph in Ägypten«.

Nicht auszudenken, wenn auch diesmal ein Jude ... Joseph paßt so gut als der falsche Sänger zu dem falschen Arzt. Auch Dr. Goebbels, Berlins Nazi-Gauleiter und spä-

Der von Cornelius aufgezeichnete Hofgesang

terer Reichsminister für Volksaufklärung und Propaganda, hieß Joseph mit Vornamen.

Es gibt jedoch belegbare Erkenntnisse: Der »Melodietypus reicht zurück bis in die erzählende Langzeiler-Melodik germanischer Urzeit«. Das fügte sich seinerzeit ins Bild; und der Musikforscher Alfred Weidemann tat 1936 gut daran, sich auf solche Ursprünge zu berufen. Aber er wußte Bescheid und sicherte sich lieber ab mit dem Hinweis, das Lied stamme »aus Berlin, der Heimat und dem Wirkungskreise Horst Wessels« (geboren in Bielefeld).

Weidemann hatte bei Peter Cornelius (1824–1874), dem Komponisten und Dichter, eine interessante Briefstelle entdeckt. Cornelius schrieb am 24. Juni 1865 aus Weimar an seine Braut: »Ich blieb in Berlin an einem Haustor stehen, eine volle, dicke, etwas rohe aber schöne Mädchenstimme sang zum Leierkasten.« Dann notiert er Noten und Text: »Wenn du mich liebst,/ kann mich der Tod nicht schrecken,/ denn Amor seh' ich nur am Himmelsraum,/ denn deine Lieb' kann mich vom Tod erwecken,/ liebst du mich nicht,/ war alles nur ein Traum!« Cornelius gefällt das. Schließlich paßt es zu seiner Braut in der Ferne.

Das Leierkastenmädchen hat er nicht gesehen, es »nur im Hof« gehört. Nun könnten wir mitsingen. Es gibt nämlich keinen Ton, der sich nicht in unserem Kopfe produzieren ließe. Also hören wir die volle, dicke, etwas rohe aber schöne Mädchenstimme – ist es vielleicht Erna Jaenichen, die da leise intoniert: »Wenn du mich liebst,/ kann mich dein Tod nicht schrecken ...«

Der kundige Alfred Weidemann weiß, »daß das von Cornelius mitgeteilte Lied sowohl in seinem Umfang wie auch in seinem Rhythmus, und zwar bis auf jede einzelne Note, mit dem Horst-Wessel-Lied genau übereinstimmt«. Eigentlich ist es umgekehrt. Das Horst-Wessel-Lied stimmt genau überein mit dem 1865 von Peter Cornelius Mitgeteilten. Aber die Behörden von 1936 mochten das nicht in dieser Reihenfolge.

Unvorteilhaft für den Nachruhm Horst Wessels fanden sich bald mehrere Sachkenner, denen sein Lied, die neue Hymne, bekannt vorkam. Mit dem Anfang stimmt überein ein altes Reservistenlied eines Kasseler Infanterie-Regiments: »Was wandert dort/ so lustig auf der Straße/ mit aufgerollter Achselklappe hin.« Brandenburger Kürassiere sangen 1883: »Das ist Reserve,/ die ist heut entlassen,/ sie zieht vergnügt nach ihrer Heimat hin.« Bei der Marine hieß es: »Zum letzten Mal/ hab'n wir an Bord geschlafen.« Oder: »Die letzte Nacht ...«, wo es in der zweiten Strophe heißt: »Oh ›Potemkin‹, du Stolz der Sowjet-Flotte/ an deinem Mast die roten Fahnen wehn!« Matrosen aber sangen auch: »Ein deutsches Schiff/ durchstreicht der Südsee Wogen.«

In der Westprignitz im Volkslied: »Es wollt ein Mann/ in seine Heimat reisen./ Er sehnte sich/ nach seinem Weib und Kind.«

Ein altes Studentenlied beginnt: »So fließe denn,/ du Bächlein, ruhig weiter/ durch dieses Tal voll süßer Harmonie.«

Aus dem Badischen klingt es als Volkslied: »Nur noch einmal/ in meinem ganzen Leben«.

Bänkelsänger trugen vor: »Ich lebte einst/ im deutschen Vaterlande« oder: »Ein alter Mann/ der vieles schon erfahren« oder: »In einem Dorf/ in österreichisch Polen«, aber auch: »Ein Mann hat einst/ dem Spiele sich ergeben«.

»Vorbei, vorbei/ sind all die schönen Stunden ...« Die Verlagsgesellschaft »Kameradschaft«, in der Zeitschriften erschienen wie »Gendarmerie-Blatt«, »Die Zivilversorgung« oder »Die Polizei«, nahm dieses Lied seit September 1933 nicht mehr auf, da »unseres Wissens die Melodie des Horst-Wessel-Liedes nur für das Horst-Wessel-Lied erlaubt ist«.

Bis 1933 sang man im Roten Frontkämpferbund, Wessels »braune Bataillone« durch »rote« ersetzend: »Die Straße frei, die rote Front marschiert.« Mußte das sein?

Andere wieder: »Rot Front marschiert/ mit eisenfestem Schritt«, und wieder andere, ganz andere sangen: »Stahlhelm heraus,/ rauscht hoch, ihr alten Fahnen,/ es hat ein End'/ mit welscher Tyrannei.«

So kam jeder zu seinem Text nach dieser vertrauten Melodie. Warum sollte Wessel nicht auf diese Ursprünge in seinen marschliedgewohnten Ohren zurückgreifen. Soldatenlieder, an Stammtischen wiederholt, zuweilen sentimental, dann wieder flotter. Wessel gab der eingängigen Melodie den kämpferischen Akzent. Im Gegensatz zu seinen umgedrehten Schalmeien benutzte er diesmal kein Kampflied der anderen Seite.

Daß außer dem toten Helden auch seine singbare Hymne vorhanden war, kam gelegen. Man mußte sie nur feierlich genug darbieten.

Weitere Untersuchungen über ihren Ursprung, die womöglich noch peinlichere Beziehungen zu Gassenhauern, Hinterhöfen oder gar jüdischen Opernhelden erbracht hätten, verbot 1937 der Minister Dr. Joseph Goebbels.

Was die Melodie betraf, so wurde sie nach gerichtlichem Hin und Her in Wessels Bearbeitung als »mitreißendes Marschlied« anerkannt und urheberrechtlich geschützt.

Bereits am 10. Juni 1933 hatte Goebbels in seinem Tagebuch notiert: »Lange Auseinandersetzung mit Frau Wessel. Sie will Horsts Lied privatisieren. Ich lehne das kalt ab. Das Lied gehört der Nation. Sie verdient diesen heldenhaften Jungen gar nicht.« Kein Wunder, daß die Tantiemen interessant werden, wenn das Lied tagtäglich erklingt allüberall im Deutschen Reich.

Das Ganze hat seine Pikanterie. Bei »Die Fahne hoch!« führt die Melodie abwärts. Aber wer merkte das schon, oder spürte die unbeabsichtigte Prophezeiung.

Die Beerdigung

Horst Wessel war an den Folgen einer Blutvergiftung gestorben. Deren Ursache war die Schußwunde.

Für die Beisetzung gab es strenge Auflagen der Polizei. Eine Grabstelle war vorhanden auf dem Friedhof der St.-Nikolai-Gemeinde, wo 1922 Wessels Vater und 1929 sein tödlich verunglückter Bruder Werner beerdigt worden waren.

Es war mit Zusammenstößen zu rechnen. Deshalb: Uniformverbot für Wessels Parteigenossen, kein Trauerzug zu Fuß, keine Fahnen oder Abzeichen. Erlaubt waren zwölf geschlossene Personenkraftwagen hinter dem Leichenwagen. Es gab damals noch solches Trauergeleit durch die Innenstadt, das heute unvorstellbar geworden ist. Wer müßte denn gestorben sein, damit seinetwegen der Verkehr ruhe oder umgeleitet würde in Berlin ...

Die Strecke – nachvollziehbar auf dem Stadtplan von 1930 – war provokatorisch genug. Vom Trauerhaus in der Jüdenstraße führte sie über Hoher Steinweg, Neuer Markt (vor der Marienkirche) in die Kaiser-Wilhelm-Straße (heute Karl-Liebknecht-Straße) bis zum Bülowplatz (jetzt Rosa-Luxemburg-Platz), der damals noch anders aussah als heute. Hinter der Volksbühne rechts in die Linienstraße bis zum Prenzlauer Tor. Wie diese Gegend sich verändert hat, ist allein daran zu merken, daß die Linienstraße mit der Hausnummer 13 beginnt. Damals kreuzte sie die enge Prenzlauer Straße, die kurz und dunkel zum Alexanderplatz führte mit eingleisiger Straßenbahn. An der Ecke Prenzlauer Straße 32/Alexanderplatz das Lokal »Mexiko«, wo Erna Jaenichen verkehrt hatte.

Vor der Prenzlauer Straße 32 war Horst Wessel auf ein Mädchen namens Erna gestoßen. Es dauerte nicht lange, da geriet er ihretwegen in die Prenzlauer Straße 62. Auf den Friedhof St. Nikolai.

Der Trauerkondukt führte in Sichtweite des Karl-Liebknecht-Hauses vorbei. Je ein Lastkraftwagen der Schutzpolizei fuhr vor und hinter dem Leichenwagen. Die Seitenwände heruntergeklappt, um schnellstes Abspringen zu ermöglichen.

Einige Seitenstraßen wurden gesperrt. Auch sonst war ein starkes Polizeiaufgebot auf Zwischenfälle vorbereitet.

Aber es folgten nicht viele Passanten dem Zuge oder grüßten vom Straßenrand mit erhobener Hand. Horst Wessel war, es sei erneut erwähnt, den meisten Berlinern unbekannt und noch kein Nationalheld. Woher sollten die Menschenmengen kommen, die ihn erst künftig kennenlernen sollten und mußten? Das beweisen Filmstreifen des 1. März 1930, entstanden für die Wochenschau.

Andere Bilder, die angebliche Versuche der Kommunisten zeigen, Kränze vom Leichenwagen abzureißen oder gar das Fahrzeug mitsamt dem Sarg umzuwerfen, sind dem Film »Hans Westmar« entnommen, den die Naziführung nach ihrer Machtergreifung anfertigen ließ, aber sehr schnell selbst wieder verbot. Dennoch sind Standfotos davon in die Öffentlichkeit gelangt. Sie entlarvten sich selbst. Obwohl es recht kalt war am 1. März 1930, tragen im Film die Täter sommerliche Kleidung.

Tatsächlich hatte die KPD die Friedhofsmauer mit großen weißen Lettern bemalen lassen: »Dem Zuhälter Horst Wessel ein letztes Heil Hitler!« Und nicht wenige, die es lasen, glaubten an diese Legende.

Auf dem Friedhof, der sich durch seine Lage als ein

Das Grab Horst Wessels auf dem St.-Nikolai-Friedhof am Tag der Beisetzung

Stück Prenzlauer Berg erweist, waren jegliche Ehrungen gestattet. Spalier und Fahnen, Standarten und Kranzschleifen. Jetzt lag auch eine Hakenkreuzfahne auf dem Sarg, den sechs Angehörige von Wessels Sturm, sich mit den ältesten Berliner SA-Führern abwechselnd, trugen. Das gehörte sich wohl so.

Berlins Gauleiter Dr. Goebbels hielt eine der Trauerreden. Hermann Göring war anwesend. Beide hatten Tage zuvor in der Friedhofskanzlei die Beerdigung und Feier angemeldet. Selbstverständlich waren andere hohe SA-Führer dabei. Nur auf Hitler warteten viele vergebens. Oder wußten, daß der nicht kommen würde. Horst Wessel war kein Grund für Hitler, sich womöglich zu kompromittieren, falls dieser doch ein Zuhälter gewesen

Adolf Hitler und Joseph Goebbels im Januar 1933 während der Einweihung des Grabsteins für Horst Wessel auf dem Berliner St.-Nikolai-Friedhof. Über der Inschrift »Die Fahne hoch!« erhob sich aus einem Lorbeerkranz die nationalsozialistische Fahne mit dem Hakenkreuz an der Spitze. 1945 wurde dieser Gedenkstein entfernt.

sein sollte. Noch hatte kein Gericht die Hintergründe geklärt. Hitler war vorsichtig.

Aber drei Jahre später, am Jahrestag des Überfalls, eine Woche vor seiner Machtergreifung, weihte Hitler Wessels Grabstein ein und sprach abends auf einer Gedenkfeier. Den Propagandaeffekt nutzend, der mit Wessels Tod verbunden blieb. Bis heute.

Wie zu erwarten, hatte die Kommunistische Partei zu Gegendemonstrationen aufgerufen am 1. März 1930. Sie machte psychologisch auch hier dermaßen viel falsch, so daß es einen schon nicht mehr wundert. Der An- und Abmarsch der SA zum Friedhof wurde gestört. Es gab Verletzte, als Kommunisten lauthals vom Zaun her die Trauerfeier durch Gesänge, Pfeifkonzerte und anderes zu stören suchten, was ihrem Ansehen mehr als manches andere schadete. Waren die Genossen aus der Dragonerstraße dabei? Etwa Sally Epstein und andere? Ist Wessel auch noch im Tode für sie – um ein schlechtes Bild zu gebrauchen – das rote Tuch?

Im März 1930 sind die Nationalsozialisten noch keine Macht. Zwar trauert der Gau Berlin vierzehn Tage um Horst Wessel – das ist schon eine Art Hoftrauer und zeigt die Regie des geschickten Gauleiters, der seinen Märtyrer aufbaut. Endlich hat er einen.

Wessels Lied, allüberall pflichtgemäß gesungen, sorgt für Nachruhm und Vorbild.

Und dann kommt der Tag im Frühjahr 1945, als der zweite Teil der Nationalhymne zum letzten Male öffentlich gespielt und gesungen wird. Wer wüßte das Datum für das Nicht-Guinnessbuch der Nichtrekorde?

Berlin wird erobert. 1945 im Mai.

Ziemlich zeitig nach der Kapitulation, aber niemand weiß die Termine, werden die Gräber der Nazigrößen gründlich von speziellen Kommandos der Sowjetarmee dem Erdboden gleichgemacht. Das betrifft Heydrich auf dem Invalidenfriedhof ebenso wie Kriegshelden. Kein Wunder, daß auch die Grabanlage für Horst Wessel mit allen ewigen Dekorationen verschwindet. Die westlichen Alliierten, nicht weniger mit solcher Situation vertraut, ließen die Aschen verstreuen, was Nürnbergs Prozesse anging, und begnadigten gern den, der durchhielt.

1955 wäre die Grabstelle abgelaufen, wie man sagt; die Liegefrist erloschen. Wessels Angehörige haben sie weder verlängert noch sie freigegeben. Es war dort seit Vater Wessels Tod ein Grab für die Mutter reserviert.

Hätte man die Stelle, wie es ringsum geschah, für Urnengräber genutzt, wäre es vielleicht einfacher geworden in kommender Zeit. Der Friedhof bekam Beerdigungsstop angewiesen. Was bedeutet, daß er zu gegebener Zeit nach dem Jahre 2000 für Neubauten genutzt werden könnte – nun hat die unberechenbare Geschichte den Behörden wieder einmal den Vogel gezeigt, der zuweilen eine Eule ist, die Weisheit verkörpernd.

Friedhof St. Marien, St. Nikolai und Vorgänger.

Seit Ende 1989, seit dem Ende der DDR, zu deren Zeit es nicht ratsam war, solche Grabstätte zu erfragen oder gar zu ehren, seit dem Ende der Mauer erscheinen gut oder schäbig Gekleidete auf diesem Friedhof und wollen zu Horst Wessels Grab.

Warum?

Für die alten Mitmarschierer, denen die Tränen kommen, hätte man gerade noch Verständnis. Dort liegen ihre Ideale begraben. Da ist eine Stelle zum Trauern. Ihr Sohn fiel im Kriege.

Gleichzeitig stehen Altersgenossen in Friedrichsfelde vor den Grabsteinen ihrer Mitkämpfer oder Vorbilder, die starben im KZ.

So ist und war das immer.

Aber weshalb kommen junge Menschen?

Es gibt doch in der Welt genügend andere Vorbilder, denen man nachleben könnte. Wie wär's mit Virchow? Der war schließlich nicht nur Arzt, sondern hat als Abgeordneter der preußischen Regierung Schwierigkeiten gemacht. Wie wär's mit Paul Levi, dem demokratischen Sozialisten, dem scharfzüngigen Anwalt und Liebhaber Rosa Luxemburgs, der schon für Lenin unannehmbar war. Er starb im gleichen Monat wie Horst Wessel.

Da sind so viele gescheite Menschen, deren Gedanken und Träume, bis ins nächste Jahrhundert reichend, jedem von uns Vorbild sein dürften im Leben.

Trotz aller Umwälzungen hat sich im Prinzip nichts geändert seit dem alten Rom. Wenn man, bitteschön, mal in die Geschichtsbücher schaut. Oder, für Nichtleser, in den Lebenslauf von Vater und Mutter.

Der arme Wessel. Sicher wollte er Besseres. Niemand verkündet nämlich Niedergang als sein Ziel. Jeder sagt sich voraus.

Man hat ihn im Grunde betrogen wie das ganze Volk. Es lebte recht gut und ordentlich ohne Landnahme nach allen Seiten. Wollte keinen Krieg. (Man frage die überlebende Urgroßmutter, die Hitler zuwinkte, als er vorbeifuhr; aber daß er ihr die Leberwurst nur noch auf Lebensmittelkarte zuteilte, das wußte sie damals nicht.

Wollte es auch nicht. Und es war ihr eigentlich egal, ob ein paar Menschen mehr zu Deutschland gehörten.)

Wäre Wessel bei Hitlers Beseitigung seiner Mitstreiter im Juni 1934 ums Leben gekommen (»Heil, mein Führer«)? Ganz gewiß nicht. Dafür war er noch zu klein.

Und hätte er Hitler getötet? Am 20. Juli 1944 oder vorher schon?

Kaum glaublich. Er hätte seine Laufbahn genommen in der SS. Wie Fiedler.

Ein Nationalsozialismus ohne Hitler? Dafür hätte Horst Wessel ein Programm hinterlassen müssen, wenigstens das. Aber dazu kam er nicht mehr mit seinen 22 Jahren, falls er überhaupt im Sinn hatte, eines aufzustellen. Eigentlich marschierte er nur mit und voran, anziehend im besten Sinne, seiner Partei hinterher, und warb den Kommunisten Anhänger ab.

Und damit soll er am Jahrhundertende attraktiv sein? Was hätten denn neue Nationalsozialisten zu bieten? Gleichschritt, Arbeitslager, Uniformen? Die hatten wir. Und es hat uns so weit gebracht, wie rings um Wessels Grab zu besichtigen ist. Sein Elternhaus ist ebenso zerstört und verschwunden wie nicht nur Frau Salms Wohnung, sondern die gesamte Straße. Nein, es geht nicht mit Krieg und der Ermordung Andersdenkender.

Und wenn die wieder an Wessels Grab feiern und Sprüche aufsagen, sogar seine, es bleibt Historie. Vergangenheit.

Neues zu holen ist da nicht mehr.

Auch wenn schon 1935 Angehörige eines SA-Sturmführers in Köln in der Todesanzeige verkündeten, er »hat sich bei der Standarte Horst Wessel zum Dienst gemeldet«. Helf er sich. Das ist nicht neu. Rund siebzig Jahre zuvor wünschte sich Fürst Windisch Graetz im selbstverfaßten Nachruf, im Tode bei seinem Regiment sich einzufinden. Vielleicht störte ihn der Gedanke, im Jenseits den ungezählten, durch seine Befehle 1848/49 in Wien und Ungarn ums Leben gekommenen Revolutionären ohne militärischen Schutz erneut zu begegnen. Jedem seine Pietät. Da werden im »Roll Call« – in den fünfziger Jahren spielte ihn manchmal der amerikanische Soldatensender AFN, den junge Deutsche liebten – die verstorbenen amerikanischen Musiker der Jazz- und Swing-Ära aufgerufen und melden sich spielbereit. Das wiederum geht anderen an die Nieren. Und was die Ungläubigen betrifft, wie wäre die Vorstellung: Ali Höhler empfängt Ernst Thälmann. Nicht in Walhalla, nicht in den ewigen Jagdgründen, aber vielleicht gibt es dort nebenan ein paar große Säle für die Andersdenkenden. Und überall wird diskutiert. Und jeder weiß längst, was er hätte anders machen sollen, und was die anderen ... und so weiter.

Somit ist denkbar – tun wir's –, daß Horst Wessel, der ja ein intelligenter Mensch war, beim Lesen der Zeitungen – und im Jenseits erhalten wir sämtliche kostenlos – unwirsch reagiert.

Wenn er Ausgang bekommt wie jeder an seinem Geburtstag und auf Wunsch auch am Todestag, erscheint er auf dem St.-Nikolai-Friedhof auf seinem Grabe und ruft den dort Versammelten zu: »Weggetreten!«

Horst Wessel, laut Sterbebuch 22 Jahre, 3 Monate und 14 Tage alt geworden. Ein so kurzes Leben ...

Er liegt im Friedhofsfeld »Wilhelmsplatz«. So heißt seit alten Tagen, siehe Vater Ludwig Wessel, dieser Abschnitt nach dem Wilhelmsplatz an der Wilhelmstraße. Geschichtsträchtig. Das Original inzwischen mehrfach umbenannt. Am Wilhelmsplatz stand Hitlers Reichskanzlei. Mit dem berühmten Balkon, wo ihm zu seiner Zeit die Menschen zujubelten wie besessen. Sie waren besessen, denn sie glaubten an ihn und glaubten ihm. Der Wilhelmsplatz in beiden Fällen erinnere an Verführbarkeit.

Der Prozeß begann am 23. September 1930 in Berlin-Moabit. Seit früh um Fünf hatten Neugierige Schlange gestanden nach Eintrittskarten. Das wiederholte sich an den folgenden Tagen. War es wegen Erna, wegen Höhler, wegen der vielen Angeklagten in diesem Prozeß? Mehrere Frauen, die im Gedränge beim Einlaß niedergerissen worden waren, mußten zur nächsten Rettungsstelle geschafft werden.

»Das Gerichtsgebäude«, so der »Berliner Börsen-Courier«, war »schon am frühen Morgen von einem starken Polizeikommando bewacht und es waren umfassende Vorsichtsmaßregeln getroffen worden, um allen Störungsversuchen vorzubeugen.« Die konnten nur von links kommen, denn von rechts erwartete man die Bestrafung aller Angeklagten. Es waren siebzehn. (Um es zu wiederholen: kein Sally Epstein unter ihnen! Er war auch nicht als Zeuge geladen.)

Angeklagt wegen Totschlags: Albrecht Höhler, Erwin Rückert und Josef Kandulski. Sie werden aus der Untersuchungshaft vorgeführt. Höhler ist »ein großer, kräftiger blonder Mann«, schreibt die Zeitung. »Er hat etwas Robustes in seinem Äußeren.«

Angeklagt wegen Beihilfe zum Totschlag: Elisabeth Salm, die drei Brüder Max, Walter und Willi Jambrowski, Walter Junek und Else Cohn. Das sind alle, die sich im Hause oder davor aufhielten.

Angeklagt wegen Beihilfe: die übrigen Angeklagten, die allesamt der »Roten Hilfe« angehörten und Höhler geholfen hatten, wobei angemerkt sei, daß diese Organisation nicht aus solchem Grunde existierte.

127. Ausgabe · 43. Jahrgang 20 Pf. Bayernausgabe Bayernausgabe München, Mittwoch, 24. September 1930

VÖLKISCHER BEOBACHTER

Herausgeber Adolf Hitler

Kampfblatt der national-sozialistischen Bewegung Großdeutschlands

Beginn des Horst-Wessel-Prozesses:

Zuhälter und Diebe als Rotfrontführer und Mörder Horst Wessels

Arbeiter! Das sind Deine Führer!

Der Zuhälter Ali, der Dieb Jambrowski, die Schützer der beiden die „Rote Fahne"

Wie man es macht

Hinter den Kulissen der Stresemannpolitik

Ein vernichtendes Buch Lord d'Abernons über die „deutsche" Politik und „deutsche" Politiker

Es gibt ein Foto des robusten Ali Höhler. Mit entblößtem Oberkörper. Ist es ein Polizeifoto? Oder stammt es aus einer anderen Situation, wo einer sich wegen seiner Tätowierungen rühmt? Kein besonders schöner Anblick, so scheint es. Aber womöglich zieht er weibliche Augen an. Auf Höhlers Brust eine Dame mit Turban, damals modisch. Kitzelt die Schmuckfeder den Träger nicht unablässig am Halse? Allerlei Konfuses über dem Magen; beide Arme sind bis zum Schulteransatz mit Gesichtern und anderem verziert, auch den üblichen Kinkerlitzchen.

Ali Höhler, geboren am 30. April 1898. Vorbestraft, darunter mit Zuchthaus, was seinerzeit eine scharfe Form des Strafvollzuges darstellte. Nun steht er wieder vor Gericht. Als die Nummer Eins.

Als er auf Horst Wessel schoß, war er Stellvertretender Bereitschaftsführer und Unterkassierer im verbotenen Roten Frontkämpferbund. So einen aber mag die

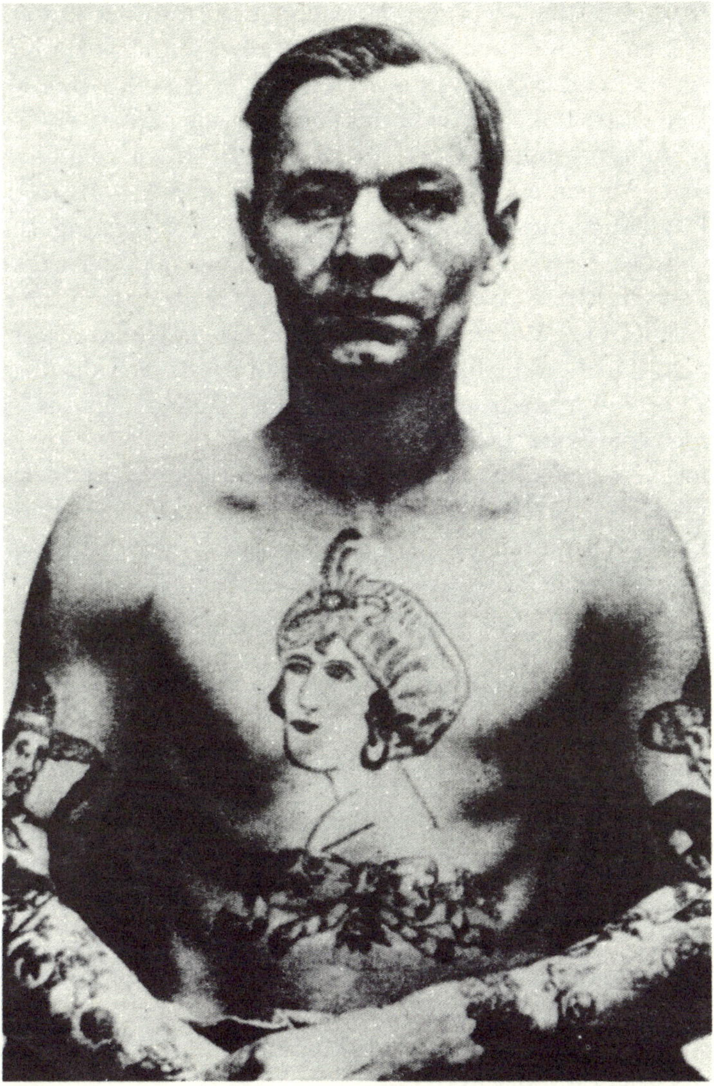

Albrecht (»Ali«) Höhler

Kommunistische Partei nunmehr nicht und läßt unterstellen, Höhler sei Polizeispitzel gewesen. Das brandmarkt allemal jemanden in der Öffentlichkeit, zumal er sich kaum dagegen wehren kann. Wie soll er aus der Untersuchungshaft beweisen, daß es nicht so war? Folglich legt Albrecht Höhler Wert darauf, daß sofort nach Prozeßbeginn die Unrichtigkeit dieser Behauptung vor Gericht festgestellt werde. Das trug sein Verteidiger vor. Dr. Alfred Apfel, einer der Staranwälte Berlins. Den Höhler nie hätte bezahlen können. Apfels Honorar kam aus dem Karl-Liebknecht-Haus. Und falls sich darüber jemand wundern sollte und dumme Fragen stellen, es ist nicht das erste und das letzte Mal, daß Angeklagte geopfert werden sollen oder müssen; auch wenn damals das Lied erst noch geschrieben werden muß: Die Partei, die Partei hat immer Recht. Aber das gilt für alle Parteien. Auch für jene, die durch Geld beseitigen lassen. Nur bei jenen, wo Blut fließt, fällt es unangenehm auf.

Die Vernehmung der Angeklagten folgte nicht der Schwere der Anklage, sondern Landgerichtsdirektor Dr. Tolk begann mit Elisabeth Salm. Er wollte chronologisch feststellen, wie die Sache sich entwickelt hatte, und erfahren, wieso Frau Salm dazu gekommen sei, abends in die Dragonerstraße zu gehen und um Hilfe zu bitten, warum? Weshalb wollte sie Wessel aus der Wohnung haben?

Angeklagte: »Weil er für seine Braut keine Miete bezahlen wollte.«

Vorsitzender: »Das stimmt doch nicht, denn er hatte doch schon 200 Mark vorausbezahlt.«

Angeklagte: »Das war die Miete für den Hauswirt.« Also sie wollte die zusätzliche Summe kassieren?

Es bleibt aber keine Sache der Miete mehr, wenn einer dabei zu Tode kommt. Elisabeth Salm muß zugeben, daß ihr im Karl-Liebknecht-Haus, in das man sie bestellt hatte, ein »junger Herr mit Brille« erklärt habe, »die Polizei wolle die Kommunistische Partei in die Affäre hineinverwickeln ... Höhler sei ein Zuhälter, und Wessel sei es sicherlich auch.« Auf einmal wird aus der Küchenbenutzung ein Eifersuchtsdrama; Zuhälter töten sich wegen zusätzlicher Miete für die Braut. Wer soll das glauben?

Auch Höhler, als er in der Sander-Villa wohnte, war eingeschärft worden, seine Tat nie als eine politische darzustellen. Es ging nicht um den langgesuchten Wessel, »sondern ich sollte sagen: Wessels Braut war früher meine Braut, Wessel habe sie mir abspenstig gemacht. Es sollte alles ein Eifersuchtsdrama sein.«

Alle fünf von der KPD bestellten Verteidiger sollten versuchen, den Vorfall als Zuhälterstreit darzustellen.

Dr. Apfel fragt die Zeugin Erna Jaenichen: »Woher kannten Sie Höhler?«

»Aus einem Lokal.«

Höhler: Er kannte sie nur unter dem Namen »Erna«. »Ihren Zunamen kenne ich nicht. Sie war eine Prostituierte. Ich erkannte sie in der Wesselschen Wohnung wieder, als sie den Schrei ausstieß.« Das verräterische: »Du, Ali?«

Dr. Apfel: »Durch die Presse ging die Nachricht, daß die Tat ein Eifersuchtsdrama sein soll. Ali Höhler wendet sich ganz entschieden dagegen.«

Erna: »Höhler hat Recht!«

Immer wieder wird versucht, dem Gericht nachzuweisen, Wessel sei der Zuhälter der Prostituierten Erna gewesen.

Rechtsanwalt Dr. Löwenthal, er ist Reichstagsabgeordneter der KPD, fragt, als die Zeugin Jaenichen erklärt, sie kenne Höhler aus einem Lokal: »War das zu der Zeit, als Sie einem gewissen Beruf nachgingen?«

»Ja.«

Löwenthal: »Gehen Sie noch diesem Beruf nach?«

Zeugin: »Seitdem ich Wessel kenne nicht mehr.«

Inquit als genauer Beobachter über Erna Jaenichen: Mit Wessel war sie ernsthaft und öffentlich verlobt. Sie habe seine nationalsozialistische Gesinnung geteilt: »Sie spricht klug, beherrscht, entschieden, sehr überlegt, nicht ungebildet. Niemand würde auf den Gedanken kommen, daß sie einmal jenen gewissen Beruf ausgeübt hat. Von dem toten Wessel sagt sie, er sei von stattlicher Figur gewesen, ebenso hochgewachsen wie sein Mörder. Sie selbst sieht

Prozeßkommentar des Sozialdemokratischen »Vorwärts«

„Ali" und die anderen.

Zwischenbilanz zum Wessel-Prozeß.

Mit der Vernehmung des Hauptangeklagten Albrecht (Ali) Höhler hat der Wessel-Prozeß seinen Höhepunkt überschritten. Gleichzeitig steht die Tat in ihren Grundzügen fest. Von der im Karl-Liebknecht-Haus ausgebrüteten Ente mit dem „Eifersuchtsdrama zweier Zuhälter" spricht kein Mensch mehr. Das heißt, über ihre Beziehungen zu Horst Wessel wird sich Fräulein Erna Jaenicke erst noch äußern müssen.

Aber Ali Höhler? Wenn er wirklich der „Immertreu"-Mann wäre und er hätte mit Horst Wessel etwas auszumachen gehabt, brauchte er dazu etwa zwei Bereitschaften der Sturmabteilung Mitte des verbotenen Roten Frontkämpfer-Bundes in Bewegung setzen? Er hätte es allein oder in Gesellschaft seines Freundes Erwin Rückert auch zuwege gebracht. Ins Rollen kam der Stein vielmehr durch den verhängnisvollen Weg der Frau Salm zu dem Kommunistenlokal von Baer. Man nahm hier nur nicht an, daß die „proletarische Abreibung", die man dem Wessel zugedacht hatte, mit einem Verfahren wegen Totschlags vor dem Moabiter Schwurgericht enden würde. Sicher weiß der Angeklagte Josef Kandulski heute noch nicht, wie er zu der ganzen Sache kam, ebensowenig Frau Schmidt und ihre jugendliche Tochter.

Die Angeklagten sind nicht unsere Freunde. Was sie im Gerichtssaal, allen voran Herr Kupferstein, an Schmutzkübeln über den „Vorwärts" ausgießen konnten, haben sie getan. Wir nehmen es leicht. Trotzdem bleibt das eine: Höhler wie Rückert – der letztere hat seit seiner Schulentlassung mehr Fürsorge, Gefängnis und Zuchthaus gesehen als Freiheit — stehen zur Kommunistischen Partei, deren Funktionäre sie waren, obwohl sie die kommunistische Presse als Strolche abschütteln wollte. Obwohl Höhler und Rückert zusehen mußten, wie der Rote-Hilfe-Schmidt, zu dem sie geflüchtet waren, frühmorgens um 4 Uhr betrunken nach Hause kam, ohne sich um die beiden zu kümmern. Sie stehen zu ihrer Partei, trotzdem man Höhler in Prag betteln ließ, oder ihn gar beseitigen wollte! Trotzdem man zu Rückert sagte, als er die Apparatschiks flehentlich um Hilfe bat: „Ich weiß gar nicht, was Sie wollen, Sie können doch ruhig in Ihre Wohnung gehen!"

Bleibt der Herr Kupferstein, der politische Kanonier der KPD. im Wessel-Prozeß, zur Zeit der Tat Führer des Sturmtrupps Mitte. „Plötzlich erfaßt ihn, — seiner theoretischen Bildung nach ist er sehr schwach, in kleiner Ambition aber etwas stark —, der Schwindel. Er will sich auf Kosten der Kommunisten als der große Mann gerieren. Er will nicht nur platterdings freikommen, sondern auch die Lorbeeren des Prozesses persönlich ausbeuten." Diese Worte wurden 1852 geschrieben, kurz nach dem Kölner Kommunistenprozeß, geschrieben hat sie Karl Marx an Weydemeyer, gemünzt waren sie auf den „roten Becker", und auf Herrn Kupferstein passen sie vortrefflich. Das ist eben der kapitale Fehler, in dem sich Herr Kupferstein befindet: er verwechselt die Mulackstraße mit dem um seine Befreiung ringenden Proletariat.

Heute beginnen die Zeugenvernehmungen.

Elisabeth Salm (stehend) wird vernommen; 2. v. l. Hilde Benjamin

ganz anders aus: auf unscheinbarem Körper ein zu großes Gesicht mit unregelmäßigen Zügen. Keineswegs schön, nicht einmal hübsch. Bescheidenes Gefäß, mißbraucht und besudelt, aber mit unerwartet kostbarem Inhalt. Eine Dirne? Ein Mensch.«

Wenn Ali mit Horst Wessel etwas auszumachen gehabt hätte, fragt der sozialdemokratische »Vorwärts« am zweiten Prozeßtag, brauchte er dazu etwa zwei Bereitschaften der Sturmabteilung Mitte des verbotenen Roten Frontkämpferbundes in Bewegung zu setzen? Er hätte es auch allein oder in Begleitung seines Freundes Erwin Rückert tun können. Ins Rollen kam der Stein vielmehr durch den verhängnisvollen Weg der Frau Salm in das Kommunistenlokal von Baer.

Ein Foto zeigt die Anklagebank. Ganz rechts Elisabeth Salm bei ihrer Vernehmung. Neben ihr Ali Höhler. Er mochte nicht mehr neben Rückert sitzen, befürchtete wohl Gewalt.

Da die Reihenfolge auf der Anklagebank nicht übereinstimmt mit der Reihenfolge bei der Urteilsverkündung, läßt sich nicht zuverlässig sagen, wer wer ist. Die zweite von links, mit Hut, ist wahrscheinlich Else Cohn.

Vorn die Verteidiger. Ganz rechts der berühmte Dr. Alfred Apfel.

Die junge Frau mit dem modisch kurzen Haarschnitt, die als zweite von links in der Verteidigerbank sitzt und den Journalisten wegen ihrer Argumentation auffällt, heißt Dr. Benjamin. Ja, aus ihr wird später die Vizepräsidentin des Obersten Gerichts der DDR, die verhaßte »rote Hilde«, die als Vorsitzende in mehreren Schauprozessen auch Todesurteile fällte; wie um ihren von den Nazis ermordeten Mann Georg Benjamin zu rächen. Bis in ihre letzten Lebensjahre von Ängsten verfolgt, von Furien gehetzt, starb Hilde Benjamin im Frühjahr 1989, ohne den Zusammenbruch der DDR am Jahresende miterleben zu können. Zuweilen ist die Geschichte gnädig.

Als Hilde Lange hatte sie am 28. Februar 1926 Georg Benjamin geheiratet, Ende 1928 ihr Assessor-Examen bestanden und Anfang April 1929 in der Müllerstraße im Berliner Wedding eine Praxis eröffnet und sich zunächst mit Scheidungen und Beleidigungen befaßt. Sehr bald verteidigte sie in Strafverfahren Arbeiter wegen Widerstands gegen die Staatsgewalt oder Landfriedensbruchs.

Über ihre Teilnahme an dem Prozeß, der uns beschäftigt, schrieb sie 1977: »An Strafprozessen war der politisch bedeutendste, an dem ich als Verteidiger mit beteiligt war, der gegen die für den Tod des Naziprovokateurs Horst Wessel verantwortlich gemachten Arbeiter im September 1930.«

Nun wird verständlicher, wenn wir am 26. September 1930 in der Morgenausgabe des »Vorwärts« lesen: »Bemerkenswert war das Auftreten eines weiblichen Verteidigers, nämlich Frl. [hier irrt der Verfasser] Dr. Benjamin, in diesem Prozeß. In interessanter Beweisführung plädierte sie für ihre Klienten auf Freisprechung.«

Anderntags empfindet die Zeitung: »Der Verteidigung kam es mehr auf eine Reinwaschung der Kommunistischen Partei als auf einen Schutz der Angeklagten an.«

Elisabeth Salm, als man sie ins Karl-Liebknecht-Haus bestellt und ihr dort nahegelegt hatte, auszusagen, »es handle sich um ein Eifersuchtsdrama«, hatte geantwortet: »Wessel ist wohl kein Zuhälter.« Sie mußte es wissen. Aber nur als Zuhälter konnte Horst Wessel das Gesicht der Kommunistischen Partei retten.

Das Gericht wich in der Schuldfrage von der Auffassung der Anklage ab, die Angeklagten in Täter und Gehilfen zu trennen. Es war der Meinung, daß unter denen, die das Lokal Baer gemeinsam verließen, um bei der Wessel zugedachten »proletarischen Abreibung« mitzumachen, »sich keiner befunden hat, der sich lediglich als Gehilfe vorkam ...« Eine Tat aller. Mit verteilten Rollen.

Da Schußwaffen vorhanden sind, darf es nicht wundern, wenn das Gericht die Angelegenheit mit militärischem Wortschatz formuliert: Höhler und Rückert, in Schußwaffenbesitz – und sie verstanden damit umzugehen –, wurden »in die vorderste Linie gestellt – und als unmittelbarer Helfer wurde ihnen Kandulski beigegeben. In sehr naher Deckung, nämlich in der Küche der Frau Salm, war Walter Jambrowski postiert, die Rückendeckung außerhalb des Hauses, auf der Straße, hatten Max Jambrowski, Willi Jambrowski und Junek übernommen.«

Albrecht Höhler sagt aus

Frau Salm »fiel die Rolle zu, ihre unmittelbar neben Wessels Wohnung befindliche Küche als Ausfallsbasis herzugeben«.

Es sind offensichtlich mit der Sprache des erst zwölf Jahre zurückliegenden Weltkrieges Vertraute, die so formulieren. »Else Cohn schließlich fungierte als Auskundschafterin.«

Hat das Gericht unrecht, wenn es feststellt: »Sie sind also sämtlich Täter und nicht Gehilfen, und sie sind auch, da im übrigen jeder das Bewußtsein und den Willen hatte, mit jedem der anderen Beteiligten zusammenzuwirken, sämtlich als Mittäter für das Geschehene strafrechtlich verantwortlich.«?

Wenig später heißt es in der Urteilsbegründung, daß Aktionen unter politischen Gegnern, »wie es Kommunisten und Nationalsozialisten nun einmal sind, heutzutage ohne Schußwaffe überhaupt nicht unternommen zu werden pflegen«. Eine wichtige Feststellung. Denn in der Geschichtsschreibung über die folgenden Jahrzehnte pflegt jede Seite der anderen gerade das vorzuwerfen.

Im Falle Wessel »aber war ein Vorgehen ohne Schußwaffen schon deshalb undenkbar«, weil Frau Salm gesagt hatte, daß Wessel Schußwaffen hatte und deshalb »höchste Vorsicht bei dem geplanten Unternehmen geboten sei«.

Ohne daß wir uns auf Einzelheiten einlassen, das Gericht stellt fest: Höhler hat mit »Vorbedacht – nicht aus Versehen« abgedrückt. Keine Notwehr. »Wenn also Wessel ... beim Erscheinen der drei Eindringlinge etwa nach der Gesäßtasche gegriffen haben sollte, Höhler behauptet das, so tat er recht daran. Er durfte sich gegen den Überfall wehren, so gut er nur konnte.«

Deshalb keine mildernden Umstände für Höhler, Rückert und Kandulski. Sie hatten sich als Werkzeug »solcher Elemente« hergegeben, »die in der Gewaltanwendung ihr wirksamstes Mittel zur Bekämpfung des politischen Gegners sehen«.

Hinzu kam, daß Höhler, Rückert und Kandulski in sehr erheblichem Maße – die ersten beiden bereits auch mit Zuchthaus – vorbestraft waren, und zwar Rückert auch einschlägig wegen verübter Gewalttaten.

Rechtsanwalt Dr. Apfel beim Plädoyer; verdeckt Elisabeth Salm (1), daneben Albrecht Höhler (2)

Höhler und Rückert erhielten eine Zuchthausstrafe von je sechs Jahren. Daß Rückert, obwohl er nicht geschossen hatte, in gleicher Höhe bestraft wurde, lag daran, daß Rückerts Vorstrafen schwerer wogen als Höhlers. Ihr unerlaubter Waffenbesitz wurde mit einem zusätzlichen Monat Zuchthaus bestraft.

Kandulski, noch nicht mit Zuchthaus vorbestraft, bekam die wegen vorsätzlicher Tötung im Gesetz vorgesehene Mindeststrafe von fünf Jahren Zuchthaus, dazu einen Monat Zuchthaus wegen Diebstahls der Schußwaffe.

»Bei Max Jambrowski, der eine gewisse Führerstellung sich angemaßt hatte, waren zwei Jahre Gefängnis, bei Walter und Willi Jambrowski sowie bei Frau Salm waren je ein Jahr sechs Monate ... Gefängnis als Sühne der Tat angebracht.« Junek und Else Cohn, »die beide an Jahren wesentlich jünger sind als die übrigen Beteiligten« erhielten je ein Jahr Gefängnis.

Der Begünstigung überführt werden konnten die Angeklagten Kupferstein, Will, Sander und Drewnitzki. Jeder bekam vier Monate Gefängnis, wobei die von Will und Sander erlittene Untersuchungshaft in vollem Umfang angerechnet wurde.

Am Schluß steht ein wichtiger Satz: »Sämtlichen verurteilten Angeklagten wird bezeugt, daß sie aus politischer Überzeugung gehandelt haben.« Also kein Zuhälterstreit, kein Eifersuchtsdrama!

Sind alle mit dem Urteil zufrieden?

»Eine ist dabei zu gut weggekommen, die Vermieterin Frau Salm, von der das ganze Unheil angerichtet worden ist.« Moritz Goldstein, Inquit, der kluge Beobachter und Menschenkenner, zieht in der »Vossischen Zeitung« seine Bilanz des Prozesses: »Sie versuchte es mit unberechtigten Forderungen und unerlaubten Maßnahmen, und als ihr alles nichts half, wandte sie sich an diejenigen, von denen sie annehmen konnte, daß sie in ihnen willige Helfer finden würde: an die politischen Freunde ihres verstorbenen Mannes. Die politische Feindschaft, die sie bei jenen voraussetzen durfte, war bei ihr selbst nicht der Antrieb des Handelns. Sie berief sich vor Gericht darauf, zu ihrer Entlastung, aber es belastet ihren Charakter. Sie stachelte den Zorn der anderen auch noch durch die unwahren Angaben, ihr werde die Miete widerrechtlich vorenthalten, und sie sei mit Waffen bedroht worden. Das, was die anderen zu ihrer blutigen und strafwürdigen Tat trieb, war immerhin das edle Motiv der Entrüstung über vermeintliches Unrecht und der Hilfsbereitschaft für eine schutzbedürftige Genossin. Was die Frau Salm trieb, war nichts anderes als Eigennutz, den sie auf niederträchtige Weise zu befriedigen suchte. Auch anderthalb Jahre Gefängnis sind keine geringe Strafe, und vielleicht reichen sie aus zur Sühne dessen, was sie angerichtet hatte. Aber wenigstens hätte sie aus dem Munde ihres Richters erfahren sollen, daß sie es ist, die moralisch die schwerste Verurteilung verdient.«

Ihre tatsächliche Strafe wird schlimmer sein, als Moritz Goldstein am 27. September 1930 wissen konnte.

Unzufrieden mit dem Urteil ist die rechtsradikale Presse. Die »Deutsche Zeitung« nennt es »in seiner Auswirkung geradezu einen Freibrief für das bolschewistische Banditentum«.

Dem Scherlschen »Lokal-Anzeiger« ist es »weder gerechte Sühne noch ein Abschreckungsmittel gegenüber infrage kommenden Kreisen«.

Hitlers »Völkischer Beobachter« erklärt: Der »niedrigste Meuchelmord, verbunden mit einer Feigheit sondergleichen, wird derartig mild bestraft, daß diese ›Sühne‹ das Untermenschentum zu weiteren Verbrechen geradezu herausfordern muß«.

Nein, keine Seite ist zufrieden. Für die »Rote Fahne« ist das Urteil des Schwurgerichts »unhaltbar. Es ruft schärfsten Protest hervor. Die Arbeiterschaft wird sich eine Justiz dieser Art nicht gefallen lassen ...« Sie wird bald, wenn Hitlers Volksgerichtshof Urteile fällt, gern zurückdenken an Zeiten solcher Rechtsprechung ...

Blick in die Zeit

Am 16. Juni 1933 ist Volkszählung im Deutschen Reich. Es umfaßt 65,3 Millionen Einwohner, davon sind 33,6 Millionen weiblichen Geschlechts. Mehr als die Hälfte.

Vier Monate und ein halber sind seit Hitlers Machtergreifung verstrichen, dessen Geburtstag im April als nationaler Feiertag begangen wurde. Am gleichen Tage – eben deshalb – begannen die Straßenumbenennungen.

Mit Datum vom 16. Juni 1933, einem Freitag, erschien in Deutschland die erste Ausgabe einer seltsamen kleinen Zeitschrift. Sie nannte sich »Blick in die Zeit«, kostete fünfzehn Pfennige, war also durchaus preiswert und verhieß »Pressestimmen des In- und Auslandes« zu Wirtschaft, Politik und Kultur. Das Ungewöhnliche war: Das neue Blatt brachte nur Zitate.

Dr. A. Ristow stand im Zeitungskopf als Herausgeber. Er war auch der Chefredakteur, mußte sich aber, der neu geregelten deutschen Sprache gehorchend, »Schriftleiter« nennen.

Im Geleitwort schrieb er: »Zu den vielen Zeitungen und Zeitschriften wieder eine neue? Nein! Nicht zu diesen vielen eine neue, sondern wegen der vielen eine ganz andere.« Er versprach einen »Überblick über die Weltmeinung«; die zu erfahren war damals schon nicht mehr einfach. »›Blick in die Zeit‹ verschafft damit seinen Lesern die Möglichkeit, lediglich aus der Kenntnis des tatsächlichen Geschehens den eigenen Standpunkt ständig neu zu überprüfen und auszurichten.«

Das muß man zweimal lesen. Da zählt jedes Wort. »Lediglich aus der Kenntnis des tatsächlichen Gesche-

Berlin, den 28. Juli 1933
Nr. 7

Blick in die Zeit

Herausgeber: Dr. A. Ristow

Preis RM. 0,15

PRESSESTIMMEN DES IN- UND AUSLANDES
ZU WIRTSCHAFT, POLITIK UND KULTUR

GÖRINGS EISERNE FAUST

Schärfste Abwehrmassnahmen gegen Staatsfeinde

Der Ministerrat in Preußen hat sich zu schärfstem Vorgehen gegen die Staatsfeinde entschlossen. Über die Ursachen dieser Maßnahmen und über den Inhalt der neuen Gesetze mit Ausführungsbestimmungen gab Ministerpräsident Göring vor der Presse folgende Erläuterungen:

„Es hat sich gezeigt, daß die Staatsfeinde nur scheinbar ganz überwunden sind. Vielleicht infolge bestimmter Umstände, die uns in einem allzu milden Licht erscheinen lassen, erhebt der Kommunismus wieder da und dort frecher sein Haupt. So konnte es passieren, daß die Überfälle auf SA.- und SS.-Männer sich wieder gemehrt haben, so konnte es geschehen, daß auf offener Straße ein mit Kommunisten besetztes Propagandaauto sogar die Polizeibeamten niederschießt. Auf Grund dieser Vorfälle habe ich mich entschlossen, keinen Tag länger zu warten, sondern nun wirklich einmal mit eiserner Faust zuzupacken.

Wer sich in Zukunft gegen einen Träger der nationalsozialistischen Bewegung oder des Staates vergreift, muß wissen, daß er binnen kürzester Frist sein Leben verliert. Dabei genügt es vollkommen, wenn er überführt wird, daß er die Tat beabsichtigt hat, oder wenn die Tat nicht mit einem Tod, sondern nur mit einer Verletzung geendet hat...

Darüber hinaus aber hat der Ministerrat heute beschlossen, der Reichsregierung zur beschleunigten Verabschiedung einen Gesetzentwurf vorzulegen, in dem die Todesstrafe durch Sondergerichte verhängt, ausgesprochen wird bei Überfällen derart, wie ich sie eben geschildert habe, aber auch schon, wenn in Zukunft das Ansehen und der Bestand des Staates angetastet wird durch Verbreitung der sogenannten Greuelpropaganda.

Ich bin überzeugt, daß die Reichsregierung diesem Gesetz raschestens beitreten wird."

(V.B., 23./24. 7. 33.)

Der Preußische Gesetzentwurf zur Gewährleistung des Staatsfriedens.

Der vom Preußischen Staatsministerium der Reichsregierung überreichte Gesetzentwurf hat folgenden Wortlaut:

„Zur Abwehr von Angriffen volksschädlicher Elemente gegen den Staat hat die Reichsregierung das folgende Gesetz beschlossen, das hiermit verkündet wird:

§ 1.

Mit dem Tode oder, soweit nicht bisher eine schwerere Strafe angedroht ist, mit lebenslänglichem Zuchthaus oder mit Zuchthaus bis zu 15 Jahren wird bestraft:

1. Wer einen Beamten der Staatsanwaltschaft oder der Polizei oder einen Angehörigen der Sturmabteilungen (einschließlich des Stahlhelms) oder der Schutzstaffel der NSDAP vorsätzlich tötet oder wer es unternimmt, eine der vorbezeichneten Personen zu töten, oder wer zu einer solchen Tötung auffordert, sich erbietet, ein solches Erbieten annimmt oder eine solche Tötung mit einem anderen verabredet;

2. wer vorsätzlich Druckschriften politischen Inhalts aus dem Auslande einführt oder einzuführen unternimmt, wenn durch die Schrift

a) das Verbrechen des Hochverrats oder

b) ein Vergehen gegen die Vorschriften über verbotene Vereine ... oder über verbotene Druckschriften ... oder

c) eine ... strafbare Aufforderung oder Anreizung oder

d) ein Verbrechen gegen § 2 des Gesetzes gegen die Neubildung von Parteien vom 14. Juli 1933 begründet wird.

Die Verurteilung aus dieser Vorschrift zieht den Verlust aller öffentlichen Leistungen des Reiches, der Länder und Gemeinden für den Verurteilten und die zu seinem Hausstand gehörigen Familienangehörigen nach sich.

Gegenstände, die zur Begehung einer nach Absatz 1 dieser Vorschrift strafbaren Handlung gebraucht oder bestimmt sind, sind einzuziehen und unbrauchbar zu machen, auch wenn sie weder dem Täter noch einem Teilnehmer gehören. Kann keine bestimmte Person verfolgt oder verurteilt werden, so kann auf die Einziehung oder Unbrauchbarmachung selbständig erkannt werden.

§ 2.

Für die in § 1 bezeichneten Straftaten sind die nach der Verordnung der Reichsregierung vom 21. März 1933 gebildeten Sondergerichte zuständig, soweit nicht die Zuständigkeit des Reichsgerichts oder des Oberlandesgerichts begründet ist."

(V.B., 23./24. 7. 33.)

In dieser Nummer:

Außerdem:

Das Wichtigste und Interessanteste aus Politik und Wirtschaft, Sport und Kultur

hens den eigenen Standpunkt ...«, das ist schon allerhand. Und ihn »ständig neu zu überprüfen«, das wird unter den jetzigen Verhältnissen nicht gern gesehen, denn den Standpunkt hat der Führer festgelegt, ein für allemal. Damit aber niemand mißtrauisch werden soll, heißt es »ständig neu zu überprüfen und auszurichten«. Dieses »ausrichten« ist ein Urwort aus der Sprache des Dritten Reiches. Es kommt aus dem Militärwortschatz. Die Mannschaft ist angetreten und hat sich, das wird befohlen, auszurichten, was Nasen- und Schuhspitzen betrifft, und zwar immer nach rechts. Bei solchem Ausrichten als Zeitungsleser daheim kann passieren, daß die Linie nicht stimmt. Die Zeitung möchte etwas ausrichten, in mehrfachem Sinne.

»Blick in die Zeit«. Viel über Wirtschaft, lauter Pressestimmen ohne eigenen Kommentar. Auf Seite 3, im Zeitungsgewerbe eine der wichtigsten, unter »Kreuz und quer durch die Politik«, ganz unten acht Zeilen: »Bis auf weiteres verlängert wurden die Verbote der ›Weltbühne‹, ›Der Funke‹, ›Die Tribüne‹, ›Der Arbeitersender‹, ›Illustration‹, ›Neue Welt‹, ›Siemens Lautsprecher‹, ›Der Mieter‹, ›Die Wohlfahrt‹, ›Neue deutsche Bauernzeitung‹, ›Arbeiter-Esperantist‹ und ›Internaciisto‹.« Die lassen sich nicht ausrichten, so scheint es.

Was die Juden angeht – »Auch im Sport, wie überall in Deutschland, gibt es keine grundsätzliche Schlechterstellung des Judentums.« So wird der »Völkische Beobachter« zitiert, Hitlers Zentralorgan.

Und da »Blick in die Zeit« nur Zitate bringt, fragt es nicht nach dem umfassenden Boykott jüdischer Geschäfte, neulich, am 1. April. Berlin will die Olympiade. Da dürfen sogar jüdische Sportler mitkämpfen.

In Thüringen »sind alle Organisationen, die für eine ›Geburtenregelung‹ eintraten, aufgelöst worden«.

Das Reichspostministerium hat angeordnet, daß die Prüfung über die Eignung von Hilfskräften – die Urlaubszeit steht bevor – sich nicht nur auf die berufliche Leistung, sondern auch auf die nationale Einstellung der Bewerber zu erstrecken hat.

Die Fülle der Ereignisse »zwingt« den Verlag, den Umfang der Wochenzeitung auf 16 Seiten zu erhöhen.

Die Fülle: Politischer Kurzbericht: »In Wolfenstein (Pfalz) rottete sich eine große Menschenmenge vor dem katholischen Pfarrhaus zusammen. Der Pfarrer wurde gezwungen, sich wegen beleidigender Äußerungen gegenüber Nationalsozialisten öffentlich zu entschuldigen. Da die Bevölkerung eine drohende Haltung einnahm, wurde der Pfarrer in Schutzhaft genommen.«

»Die Studentenschaft der Breslauer Universität hat gegen vier Breslauer Dozenten, von denen drei jüdischer Abstammung sind, einen Boykott begonnen.«

»Meldungen, wonach der Reichskanzler Adolf Hitler der evangelischen Kirche beigetreten sei, sind nach einer amtlichen Mitteilung frei erfunden.«

Nur Zitate. Das ist Absicht. Die Gegenüberstellung schlägt Funken.

»Auf Anregung des Staatskommissars Dr. Lippert« - er wird bald Berlins Oberbürgermeister werden - »hat der Oberbürgermeister der Stadt Berlin verfügt, daß *jede bewußte und gehässige Miesmacherei* künftig als eine verkappte Fortsetzung staatsfeindlicher und marxistischer Propaganda angesehen und entsprechend geahndet wird. Dienststellenleiter, die derartiges dulden, werden gleichfalls zur Verantwortung gezogen werden.«

Da eine ganze Spalte solche Meldungen aneinanderreiht, entsteht der Eindruck, daß es im neuen Deutschen Reich eigenartig zugeht.

Überschriften wie »Spaltung der SPD-Führung?« – »Devisensperre in Deutschland« – »Toscanini kommt nicht nach Bayreuth« (er wird wissen, weshalb) – »Anstelle Toscaninis wird Richard Strauss in Bayreuth dirigieren« – »Wilhelm Furtwängler bekommt einen Fünf-Jahres-Vertrag«. Die Liste der neuen Mitglieder der Deutschen, nicht mehr Preußischen Akademie der Künste ersparen wir uns.

»Blick in die Zeit« bleibt ein ungewöhnliches Blatt. Indem es treuherzig registriert, was sich zuträgt: »An den Rand geschrieben« oder »Politischer Kurzbericht«, ja sogar »Wir schalten um auf London«, was erst im Kriege seinen tieferen Sinn bekommen sollte, doch zu dieser Zeit gibt es keinen solchen Blick mehr in die Zeit.

»Gleichschaltung am laufenden Band« erregt kein Mißtrauen der Aufsichtsbehörde, des Reichspropaganda-Ministeriums. So nennen sie es selber. »Die politische Leitung des Ullsteinverlages (Vossische Zeitung, Berliner Morgenpost, Berliner Illustrirte Zeitung, Grüne Post usw.) ist an Dr. Eduard Stadtler übergegangen«, der kürzlich seine Aufnahme in die nationalsozialistische Reichstagsfraktion beantragt hatte.

Kreuz und quer durch die Tageszeitungen im Lande. Wer das aufmerksam liest, der müßte unruhig werden, was die Zukunft angeht. Andere leiden bereits an der Gegenwart.

Aus der »Coburger Zeitung« vom 28. Juni 1933: ein Landtagsabgeordneter über eine Besichtigungsfahrt in das Konzentrationslager Dachau: »Was man hier an Menschenmaterial sieht, dem steht zum allergrößten Teile schon deutlich lesbar im Gesicht geschrieben, warum es in Dachau sitzt. 80 bis 90 Prozent dieser 2 000 Sträflinge ... sind verbastardierte Promenadenmischungen mit jüdischem, negerischem, mongolischem oder – der Teufel mag es wissen – sonst welchem Bluteinschlag.« In diesem Stil geht es weiter bis zur Drohung, daß das »Lager Dachau eine ständige Einrichtung wird, eine Erziehungsanstalt für alle diejenigen, gleich welcher Rasse, welchen Glaubens und welchen Standes, die nicht begreifen wollen, daß das Dritte Reich endgültig und unabweisbar angebrochen ist«.

Im gleichen Heft vorn, als Aufmachung: »Görings eiserne Faust. Schärfste Abwehrmaßnahmen gegen Staatsfeinde.« Der Ministerpräsident erläuterte vor der Presse den preußischen Gesetzesentwurf zur Gewährleistung des Staatsfriedens: »Es hat sich gezeigt, daß die Staatsfeinde nur scheinbar ganz überwunden sind ...«

Göring läßt sich zum Generalintendanten der preußischen Theater ernennen. Etwas später hat er »sich entschlossen, der ihm vorgetragenen Bitte der Mannschaften und des Offizierskorps der preußischen Polizei folgend, die Uniform eines Generals der Landespolizei anzulegen«. Jener beleibte Göring schmückte sich mit jeder Uniform, die ihm erreichbar wurde. Mit Orden, Medaillen und Plaketten, also Lametta, wie es der Volksmund vom Weihnachtsbaumschmuck auf Görings Brust übertrug. Aber viele Leute mochten den Dicken. Er war populär, sorgte dafür und ließ Witze über sich verbreiten.

Blick in die Zeit:

»Rechtsanwalt Professor Dr. Max Alsberg ist freiwillig aus dem Leben geschieden.« Als Emigrant in der Schweiz. Der berühmte Berliner Strafverteidiger war 56 Jahre alt. »Der frühere Direktor der Berliner Funkstunde, Professor Knöpfke, hat sich in seiner Wohnung erschossen.« »Der Direktor des pathologischen Instituts der Universität Münster, Prof. Dr. Groß, hat sich vergiftet.«

Jeden Sonnabend erscheint die Zeitschrift mit 16 Seiten. Jeder Leser ist »als Mitarbeiter herzlich willkommen«, wenn er sich am Wettbewerb um den »originellsten und interessantesten Zeitungsausschnitt beteiligt«. Das bedeutet, es kommt allerlei Groteskes, kaum Glaubliches aus den kleinen Städten und Gemeinden durch diese Weitergabe unter das Publikum. Die großen Blätter haben keinen Platz und Bedarf für Kleinkram aus der Provinz. Wenn sich aber die Einzelheiten zu einem Bild fügen, zu dem schauerlichen Gemälde des nazideutschen Alltags, wie es »Blick in die Zeit« mit Hilfe seiner Leser zusammenträgt, erfährt der einzelne in diesen Heften mehr, als ihm überregionale Blätter bieten.

In gewisser Weise fühlt man sich an die erste Zeit nach dem Aufhören der DDR erinnert: Während in Berlin kein denkender Mensch der Heinrich-Heine-Straße etwas anhaben wollte, und auch nicht der Senat, gab es in Provinzstädtlein wie Lübben nachträgliche Rache: Der Name des Juden und Dichters Heine wurde vom Straßenschild entfernt! Im Lande Sachsen-Anhalt betraf es die Geschwister Scholl, nach denen Straßen und Schulen benannt waren. Es sind wohl nicht nur die neu-auffälligen Sieg-Heil-Marschierer gewesen, denen es um Aufbereitung der schandbaren deutschen Vergangenheit geht. Von den örtlich beseitigten antifaschistischen Straßen- und Schulnamen war in den großen Zeitungen so gut wie nichts zu lesen. Es blieb der Lokalpresse vorbehalten. Es gibt heutzutage keinen »Blick in die Zeit« ... (Das hat finanzielle Gründe. Und darüber läßt sich nachdenken ...)

Dort las man, seinerzeit:

»Von der Hamburger Staatspolizei wurde ein Vortragsabend des Dichters Joachim Ringelnatz verboten.« – »Das ehemalige Bauhaus in Dessau ist jetzt zu einer Amtswalterschule der NSDAP umgewandelt worden.«

Über das neue Strafrecht: »Die Beibehaltung und Ausdehnung der Todesstrafe entspricht der besonderen Sorgfalt, die der Staat seinem Volk und seinem Einzelleben angedeihen läßt.« So stand es am 30. September 1933 in der »Germania«; kommentarlos bringt es »Blick in die Zeit«.

Mehr und mehr entsteht beim Lesen des deutschen Alltags in den ersten Monaten der Hitlerherrschaft der Eindruck, daß es bei dieser Wochenschrift nicht mehr mit rechten Dingen zugeht, eher mit linken.

»Blick in die Zeit« ist ein heimliches Blatt deutscher Sozialdemokraten. Sie lassen es von einem Strohmann herausgeben. Es hat 100 000 Auflage und geht von Hand zu Hand.

Von Woche zu Woche häufen sich Meldungen über Zeitungsverbote, Selbstmorde und Hinrichtungen von Kommunisten. In keiner anderen deutschen Zeitung, und es gibt noch etliche nicht gleichgeschaltete, kann man solche aufschlußreichen Zusammenstellungen lesen.

Viele Verurteilungen, viele Verbote und immer öfter der knappe Satz: »Auf der Flucht erschossen!«

Verschärfung des Strafvollzugs

Vollstreckung der Todesstrafe.

„Im einzelnen sei hervorgehoben, daß die Todesstrafe im allgemeinen durch Enthauptung vollstreckt werden soll, daß aber auch die Vollstreckung durch Erhängen für den Fall angeregt wird, daß jemand wegen eines gegen die öffentliche Sicherheit gerichteten Verbrechens zum Tode verurteilt wird."

(Kölnische Zeitung, 29. 9. 33.)

*

„Die Beibehaltung und Ausdehnung der Todesstrafe entspricht der besonderen Sorgfalt, die der Staat seinem Volk und seinem Einzelleben angedeihen läßt."

(Germania, 30. 9. 33.)

Aus »Blick in die Zeit« Nr. 17 vom 7. Oktober 1933

Mit dieser Todesursache sind ungezählte, kaltblütig von Hitlerleuten Ermordete in die Polizeiakten geraten.

Als Hitler am 30. Januar 1933 an die Macht gelangte, hatte Ali Höhler erst knapp die Hälfte seiner Zuchthausstrafe verbüßt. Er saß ein in der Strafanstalt Wöhlau, einer Kreisstadt im preußischen Regierungsbezirk Breslau, heute in Polen.

Als sie dort lasen oder hörten, daß der neu-böse Feind nun als Reichskanzler über sie herrschte – wie mag ihnen zumute gewesen sein? Den Schwerverbrechern neben Höhler drohte die Sterilisierung, wenn nicht Schlimmeres; das hatten die neuen Herren längst angekündigt.

Es dauerte nicht lange, da wurde Albrecht Höhler angefordert von der Berliner Justizbehörde. Als man ihn brachte, wurde er wegen Wiederaufnahme des Verfahrens von 1930 in ein Berliner Justizgefängnis verlegt. Wiederaufnahme? War das überhaupt zulässig?

Der erste Chef der Geheimen Staatspolizei, Rudolf Diels, ließ Höhler in sein Hausgefängnis in der Prinz-Albrecht-Straße überstellen.

Die Reste dieser Anlage, verbunden mit Grausamkeiten und Qualen, sind heute in der Dauerausstellung »Topographie des Terrors« zu besichtigen. Aber Höhlers Dortsein gehört in die Anfangsphase.

Diels: »Wenn für einen feststand, daß er diese Zeit nicht überleben würde, so galt es wohl für den kleinen Zuhälter Ali Höhler.«

Der berichtete, vorgeführt, »müde und monoton« noch einmal von seiner Tat. Diels sagte ihm, die Wiederaufnahme des Verfahrens wegen Horst Wessels Tod stehe bevor: »Was halten Sie davon?«

Höhler, längst vertraut mit den Gepflogenheiten, antwortet ganz selbstverständlich: »Det mir mal eene geballert wird, det is amtlich.«

Nur der Zeitpunkt ist ungewiß.

Es sind neue Zeiten angebrochen.

Die neuen Herren vernichten, was sie können. Mal ist es jüdisches, mal kommunistisches Eigentum, das sozialdemokratische etwas später. Mancher wird direkt getötet. Erinnerung an Kampfzeiten. Mehr aber werden durch Papier umgebracht. Daraufhin bringt mancher sich selber um. Das stellt sich als bequem heraus. Die Nationalsozialisten beanspruchen ihre Rechte und melden Besitztümer an, Grund und Boden, Fabriken und Niederlassungen aller Art. Es ist eine Lust zu leben, wenn man sich beizeiten den Braunen Bataillonen zugesellt hat. Viele alte Firmen büßen ihre Namen ein. Es gibt Arbeitslose.

Aber wir wollen Ali Höhler nicht aus dem Auge verlieren. Die näheren Umstände seines Ablebens sind nicht so präzise überliefert wie die Vorgänge in der Wohnung von Elisabeth Salm am Abend des 14. Januar 1930. Die neuen Herren wünschen solche Korrektheit nicht. Und sie können sogar der Polizei und der Untersuchungsbehörde befehlen. Und was für einen deutschen Menschen ein Befehl ist, das konnten bislang Dutzende Universitätsprofessoren nicht allgemein verständlich formulieren. Bis dahin also nimmt der mündige Bürger, die im Rechtsstaat lebende Bürgerin, mit dem deutschen Beamten hinter dem Schalter vorlieb, denn er sagt uns, was gilt.

Die SA forderte die Auslieferung Höhlers. Um ihn zu vernehmen ...

Um ihn zu vernehmen? Ach, gar. Da kommt der kleine Moritz und fragt – aber der Mund wird ihm verboten, er ist nicht arisch, hinaus mit ihm. Soll er froh sein. Die Deportation erreicht ihn erst neun Jahre später.

Um Höhler zu vernehmen? Was darunter zu verstehen war, wußte man in Berlin beispielsweise seit der Köpenicker Blutwoche im Juni 1933. Und auch andernorts markierten viele Erschlagene diesen Weg in die Zukunft, die Hitler verkündet hatte.

Diels aber lehnte die Auslieferung ab und ließ das der damals mächtigen SA durch seine Beamten bestätigen. Denn der korrekte Weg, der amtliche, entsprach dem Rechtsstaat, der neuen Ordnung.

Daraufhin beschwerte sich die SA beim Preußischen Ministerpräsidenten Hermann Göring. Der hatte ihr Dasein als Hilfspolizei ermöglicht, was sie zu nutzen wußte.

Diels aber überzeugte Göring schließlich davon, »daß ein ordentliches Gericht die Vergeltung viel eindrucksvoller herbeiführen könnte. Daß Ali Höhler seinen Kopf verwirkt hatte«, war für Diels sonnenklar. Und Göring hatte noch nicht seine Erfahrungen mit Dimitroff im Reichtstagsbrandprozeß vor dem Reichsgericht gemacht.

(Weil dieser Dimitroff dem mächtigen Naziführer eine rhetorische Niederlage bereitet hatte, wurde nach dem Ende des Hitlerreiches eine Hochbahnstation nach Dimitroff benannt in Ostberlin. Und zur Strafe wegen solch kommunistischen Übermuts heißt sie seit 1991 »Eberswalder Straße«.)

Konnte unter dem alt-neuen Rechtsstaat, unter der neuen Regierung tatsächlich jemand zweimal angeklagt und verurteilt werden wegen einer Tat?

Aber dazu kam es nicht. Wozu juristische Verwicklungen?

Es spielte sich etwa so ab: Höhler verlangte von Diels, nach Wöhlau, in sein sicheres Zuhause zurückgebracht zu werden. Folglich wurde er am 19. September 1933 aus dem Berliner Polizeigefängnis entlassen und dem Kriminalbeamten Pohlenz übergeben. Der fährt anderntags, am 20. September 1933, mit Höhler im Auto los und berichtet später, zwölf Kilometer von Frankfurt/Oder entfernt sei das Polizeiauto von sieben bis acht bewaffneten Männern angehalten worden. Die wollten aber nicht den Wagen, wie heutzutage, sondern den Insassen.

Pohlenz meinte, es sei eine »Chausseekontrolle« gewesen. Bewaffnete SA-Männer. Die hätten sich Höhler gegriffen und ihn entführt. Widerstand zwecklos. Drei SA-Männer seien bei dem Polizeiauto geblieben und hätten es etwa eine Stunde lang festgehalten. Es sei nicht festzustellen gewesen, welcher SA-Formation die SA-Männer angehörten.

Mehr als dreimal muß der kleine Moritz nicht raten, ob es vielleicht der SA-Sturm »Horst Wessel« gewesen sein könnte. Jedenfalls trug das SA-Auto keine Kennzeichen.

Höhler war verschwunden. Wo genau, blieb ungeklärt. Diels erwähnt die »großen Wälder bei Freienwalde«.

Schließlich hat der Jagdhund eines Revierförsters, so Diels, »einen menschlichen Kadaver zutage gefördert«. Höhler, wen sonst. Sein Körper »war von vielen Kugeln durchlöchert«.

Als sich der Direktor der Strafanstalt Wöhler telefonisch nach dem Verbleib seines Insassen erkundigte, erfuhr er vom Geheimen Staatspolizeiamt, daß Höhler von Beamten dieses Amtes nach Berlin transportiert worden und dort verstorben sei. Der Direktor fragte nicht: Woran? Der Chef der Geheimen Staatspolizei Diels ließ durch die Mordkommission Ermittlungen aufnehmen. Aber da »schritt Freisler ein«, der Staatssekretär, dessen grauenvolle Karriere damals begann. Keine Untersuchung erwünscht. Doch es gab Akten und den Obduktionsbefund. Niemand will das je registriert haben oder hält gar diese Unterlagen bereit.

Gruppenführer Karl Ernst, Berlins SA-Chef, »gab seine Beteiligung an der Sache zu. Er berief sich auf einen Befehl des Stabschefs Röhm«. Der wiederum erklärte, »Hitler selbst habe den Befehl zur ›standrechtlichen Erschießung‹ Höhlers erteilt«. Jedenfalls blieben die Ermittlungen gegen die Entführer Höhlers erfolglos. Mit Höhlers Tod, meldete Diels, »dürfte indes mit Sicherheit zu rechnen sein«. Drei Tage später schlägt er vor: »Da die Tat im Hinblick auf die Person Höhlers aus besonderen Beweggründen verübt wurde, erlaube ich mir gehorsamst, die Bitte auszusprechen, anliegenden Erlaß an den Reichsjustizminister unterfertigen zu wollen, in dem die Einstellung des Verfahrens gegen unbekannt angeordnet wird.« Und so geschah es.

Wie mag sich Ali Höhler, von woher er auch auf die von ihm verlassene Welt blickte, gewundert haben, wenn er später hören mußte, er habe »sich der irdischen Gerechtigkeit entzogen«, sich also selber umgebracht.

Wußte Diels, der den Zweiten Weltkrieg überlebte, wirklich nicht mehr?

In seinem Buch »Mordsache Röhm« schreibt Heinz Höhne, »die überlebenden Angehörigen des SA-Rollkommandos ... ließen sich auch nach dem Ende des Dritten Reichs nicht ausreden, daß Diels dabei gewesen sei und die Tat erst ermöglicht habe. Die Überlebenden, der ehemalige SA-Fahrer Walter Pohlenz« – haben wir ihn nicht eben als Kriminalbeamten kennengelernt, der sich über die Chausseekontrolle wunderte – »und der ehemalige SA-Führer Willi Schmidt, genannt ›Schweinebacke‹, wußten es anders: Einer Entführung habe es nicht bedurft, denn Ernst habe einen Überweisungsschein von Diels vorgewiesen, der die Übergabe Höhlers an das SA-Kommando ermöglichte. Vor Antritt der Todesfahrt, so konnten sie sich alle noch erinnern, sei Diels in Ernsts Horch-Sportkabriolett zugestiegen, und mit vier Wagen sei man zur ›Hinrichtung‹ gefahren. Der Gestapo-Chef habe noch einmal mit Höhler gesprochen. Schmidt erzählt: ›Das war auf dem Weg zum Wald, da ging Diels auf der Seite neben Pohlenz her und sagte: ›Na, Höhler, was ist nun?‹ – ›Na, ick kriege eene geballert, det is doch klar!‹ Hat Diels auch geschossen? Da war sich Schmidt nicht sicher. Schmidt: ›Der hat auch geschossen, vielleicht auch nicht!‹«

Die dritte Frau

In seiner letzten Ausgabe des Jahres, am 30. Dezember 1933, bringt »Blick in die Zeit« eine Vier-Zeilen-Meldung, dem Berliner Naziblatt »Der Angriff« entnommen: »Wegen der Beteiligung an der Ermordung von Horst Wessel wurden der 26jährige Sally Epstein und der 31jährige Peter Stoll in Berlin verhaftet.«

Das aber war bereits am 18. August geschehen.

Nicht etwa Ali Höhler hatte auf die beiden aufmerksam gemacht. Es war ganz anders.

Die Berliner Waßmannstraße gibt es seit Jahrzehnten nicht mehr. Sie war eine der vielen Querstraßen zur Großen Frankfurter Straße, und sie verschwand mit anderen Kriegsruinen; wurde nicht wieder angelegt und neugebaut. Als es die Waßmannstraße noch gab, 1933, waren es nur wenige Schritte um die Ecke bis zu dem Haus, in dem Horst Wessel bei Frau Salm zur Untermiete gewohnt hatte.

Waßmannstraße 11, vorn, drei Treppen, lebte 1933 der Schiffer Peter Stoll mit seiner Frau. Eines Tages im August kam er betrunken nach Hause. Es gab Streit, bei dem es nicht ohne Handgreiflichkeiten abging. Frau Stoll flüchtete aus der Wohnung auf die Straße. Ihr Mann rannte hinterher. Draußen nahm der Wortwechsel heftigere Formen an. Das lockt Zuschauer, allemal. Da packt Stoll seine Frau, schüttelt sie vor Wut, und sie schreit: »Du willst es wohl mit mir so machen wie damals mit Horst Wessel!« Wie kommt sie dazu? Was hatte ihr Stoll erzählt?

Es genügt, um hellhörige Passanten und lauernde Nachbarn aufmerksam zu machen. Mittlerweile kennt hier jeder Horst Wessel und weiß um sein Schicksal. Da ist das zum Wallfahrtsort gestaltete, nur ein paar Minuten entfernte Mansardenzimmer, besucht von jung und alt. Voller Ehrfurcht und Mitleid.

Es dauert nicht lange, da kommt wegen dieses Ausrufs die Polizei. Stoll wird festgenommen und von der Gestapo verhört.

Und wieso ist Epstein dabei?

Durch die Festnahme Stolls und seine »Vernehmung gelang auch die Feststellung der beiden anderen Angeklagten«, berichtet viel später die »Nachtausgabe«. Der dritte ist der in der Kneipe Baer damals als Aushilfskellner beschäftigte Hans Ziegler, der erst am 12. Februar 1934 festgenommen werden konnte.

Wie auffällig, daß das Geschehen jeweils durch eine Frau in Bewegung kam.

Zuerst Erna Jaenichen. Sie zieht unerlaubt von der Wirtin zu Wessel und bringt Elisabeth Salm dazu, unbedacht voller Empörung in die Dragonerstraße zu eilen. Ohne die Konsequenzen zu bedenken, holt Frau Stoll die Gestapo ins Haus.

Jede handelt für sich allein.

Aber es gibt eine vierte Frau in dieser Geschichte. Sie heißt Rosa Lutter und betrachtet sich als Mutter von Sally Epstein.

Das sind ihre Worte: »Sally Epstein kam im Sommer 1928 aus der Landesanstalt Obrawalde nach Berlin.« Das war der Name einer Heil-und Pflegeanstalt für Lungenleiden und Pflegebedürftige in Meseritz im preußischen

Regierungsbezirk Schneidemühl, heute Polen. Epstein hatte dort mehrere Jahre als Hausmaler gearbeitet.

»In Berlin trat der 21jährige in die Kommunistische Partei Deutschlands ein und in den Roten Frontkämpferbund. Die Zelle tagte im Lokal Baer, Dragonerstraße. Herr Baer sowie seine Vertreterin Frau Gertrud Hennig empfahlen uns Sally Epstein als anständig und willig, so nahmen wir ihn erst als Gehilfen auf.« In das Malergeschäft, das Richard Lutter selbständig betrieb. Wenig später nahmen sie den jungen Mann »in unser Haus und unsere Familie auf, wo er wie unser eigenes gehalten wurde. Da Sally eine schwere Kindheit durch die Lieblosigkeit seiner eigenen Eltern gehabt hatte und in seiner Jugend viele Jahre nur in fremden Familien und Anstalten verbringen mußte, erwies er sich als sehr dankbar und anhänglich.«

Diese Details sind zwei handschriftlich verfaßten Berichten und Fragebogen entnommen, die Rosa Lutter zuerst im November 1945 einreichte. Darüber später mehr. Der besseren Verständlichkeit wegen sind im folgenden die Zitate aus beiden Berichten miteinander verbunden.

Wie es zu dieser Zuwendung zu Epstein kam? »Unser eigener Sohn war gestorben. So sahen wir bald in Sally Epstein Ersatz und Nachfolger für ihn. Die Adoption wurde abgelehnt; erstens, weil mein Mann und ich noch keine 45 Jahre waren und wir eine Tochter hatten; zweitens, weil Sally Epstein ein ehelich geborenes Kind war; trotzdem ich von dem Vater schriftlich hatte, daß die Eltern keinerlei Interesse an ihrem Sohn nahmen.«

Die Malersleute Lutter waren keine eingetragenen Kommunisten, sympathisierten jedoch mit ihnen. Das darf ihnen getrost und nicht abträglich nachgesagt werden.

»Am 18. August 1933 wurde Sally Epstein durch seine Verhaftung aus unserer Familie gerissen. Als er sich herzlich von mir verabschiedete, spuckte der Kriminalbeamte vor mir aus und sagte: ›Pfui, wie kann man einen Hebräer als [sein] Kind bezeichnen.‹ Das war der erste Hieb, den ich erlitt. Dann hat man bei uns dreimal Haussuchungen vorgenommen.«

Es sollte schlimmer kommen.

»Hätten wir geahnt, daß ihm irgendeine Gefahr drohte, so hätten wir Mittel und Wege gefunden, ihm über die Grenze zu helfen. Durch unser festes Eintreten für ihn begann für uns eine schwere Zeit der Bespitzelung und durch zweimalige Verhaftung meines Mannes. Er entging längerer Haft nur durch seine Parteilosigkeit.

Nun nahm ich selbst alles auf mich, lief tagelang umher, um einen Verteidiger für Sally zu finden. Nachdem ich wohl bei zehn Anwälten vergeblich war«, fand sie einen in der Linienstraße. »Er nahm mir zwar 150,– Reichsmark ab, versagte aber schon beim Haftprüfungstermin am 9. November 1933, nachher schützte er Krankheit vor.« Epstein war ein denkbar heißes Eisen. Er bekam einen Pflichtverteidiger, notgedrungen.

So ist der arme Epstein nach Moabit geraten ins Untersuchungsgefängnis, wo die Vernehmer nicht sanft mit ihm umgehen.

Der Prozeß wird mit Sorgfalt vorbereitet.

In diesen Augusttagen 1933 zitiert »Blick in die Zeit« die »Frankfurter Zeitung«, in der es zum neuen Strafvollzug heißt: »Bei der Todesstrafe ist es nicht einzusehen, warum da und dort, wo einmal französisches Recht galt, als

Vollstreckungsmittel die Guillotine gelten soll, die übrigens dem deutschen Volk absolut fremd ist. Sie wurde also beseitigt, ebenso das Fallschwert. Die Todesstrafe wird jetzt – wenn nicht das Reich etwas anderes bestimmt – durch Erschießen oder Erhängen – in Preußen durch das Beil vollzogen. Es ist dies übrigens die allersicherste Todesart, die noch niemals zu irgendwelchen Beanstandungen Anlaß gegeben hat.«

Und wenn wir so wollen, gibt es plötzlich die fünfte Frau. Ingeborg Wessel, die Schwester. In diesem Monat August 1933, als Epstein und die anderen verhaftet werden, gibt sie einen Bildband heraus: »Horst Wessel«. Mit Fotos, die seinen Lebensweg begleiteten. Völlig begreiflich, daß sie in ihrem kurzen Text leidenschaftlich von »kommunistischen Henkersknechten« schreibt und »gedungenen Rotmordleuten«. Sie weiß es nicht besser.

Aber warum ist sein letztes Wohnhaus, warum ist die Mansardenstube bei Elisabeth Salm nicht abgebildet? Warum? Nicht einmal die Ehrenwache seiner SA-Männer vor der Haustür der Großen Frankfurter Nr. 62?

Dort endete doch sein Leben.

Muß das dem deutschen Publikum im Jahre 1933 verschwiegen werden?

»Blick in die Zeit«: Zeitungsverbote, Zeitungssterben. »Nach der ›Vossischen Zeitung‹, dem ›Berliner Börsen-Courier‹ stellt die ›Deutsche Tageszeitung‹ ihr Erscheinen zum 1. Mai 1934 ein. Die Londoner ›Times‹ erklärt in einem Kommentar: ›Diese Zeitungen sahen sich nicht in der Lage, unter der rigorosen Pressekontrolle des nationalsozialistischen Staates ihre Existenz aufrechtzuerhalten. Die Ausschaltung der freien Diskussion – ausgenommen unter dem Risiko des Verbotes – gemeinsam mit der zwangsmäßigen Veröffentlichung von Massen offiziellen Materials hat in der deutschen Presse unvermeidlicherweise eine Note der Eintönigkeit hervorgebracht, und die weniger mannhaften Zeitungen können unter diesen Umständen nur sehr wenig bieten, um die Leser zu veranlassen, sie zu kaufen. Der Erfolg war eine gesteigerte Nachfrage nach ausländischen Zeitungen.« Die gab es am Kiosk.

Am Rande, unter »Politischer Kurzbericht«: »Die ›Essener Volkszeitung‹ wurde vom 25. April bis zum 2. Mai verboten. Ein Setzer hatte in dem Geburtstagsglückwunsch des Reichspräsidenten an den Reichskanzler statt des Ausrufezeichens ein Fragezeichen gesetzt.« So erfuhren es durch »Blick« alle anderen, die nicht die »Essener Volkszeitung« gelesen hatten. Der Setzer aber »wurde vorübergehend in Schutzhaft genommen und ist vom Verlag entlassen worden«, meldet die »Frankfurter Zeitung«.

»Blick in die Zeit« bringt weiterhin Pressestimmen und dazu Lesermeinungen. Das fällt schließlich den Behörden im Mai 1934 auf. Solche Zitate und Pressestimmen an- und untereinandergereiht kompromittieren die Naziherrschaft. Wird sich der Herausgeber herausreden können?

Zunächst sollen die Leser keine Meinung mehr äußern. »Urteile der Leser dürfen nur noch veröffentlicht werden, wenn sie enthalten: 1. Vor- und Zunamen, Beruf und genaue Anschrift des Lesers, 2. Ort und Zeit der Ausstellung des Schreibens, 3. die ausdrückliche Erklärung des Lesers, daß er mit einer Veröffentlichung des Urteils einverstanden ist.« Die Redaktion, nein, es heißt ja jetzt »Schriftleitung«, bittet, »die Anordnungen des Werberates der deutschen Wirtschaft genau zu beachten«.

In der gleichen Ausgabe die Überschrift: »Ein Volksgerichtshof wird geschaffen ...« Angedroht wird eine Aktion gegen »die Miesmacher und Kritikaster, gegen die Gerüchtemacher und Nichtskönner, gegen Saboteure und Hetzer«, das ist der Nazijargon gegen Andersdenkende.

Für drei Monate wird die »Grüne Post« verboten. Ihr Chefredakteur, der später wegen seiner Bücher »Die Heiden von Kummerow« und »Die Gerechten von Kummerow« von vielen Lesern geschätzte Ehm Welk, hatte den Propagandaminister Goebbels beim angebotenen freien Wort genommen. Das vertrug dieser nicht. Er ließ den Journalisten öffentlich verunglimpfen und für einige Zeit ins Konzentrationslager sperren.

In Deutschland beginnt »ein Propagandafeldzug gegen Kritikaster und Reaktion«, gegen »Miesmacher, Meckerer, Leisetreter«, denn nach der Unterdrückung der Presse soll niemand im Alltagsgespräch sich ungestraft äußern dürfen. Das ist der Mundtod.

»Meckern darf, wer keine Angst hat, ins Konzentrationslager zu kommen«, schreibt der »Angriff«.

Am 10. Juni 1934 verkauft die Zeitungsfamilie Ullstein AG ihre restlichen Besitzanteile an ihrem gleichnamigen Verlag unter Zwang an die anonyme »Caution G.m.b.H.«. In wessen Namen und Auftrag diese »Treuhandgesellschaft, die sich bereits in die Liquidation des Mosse-Verlages eingeschaltet« hatte (Peter de Mendelssohn), handelte, blieb unbekannt.

Am 12. Juni 1934 beginnt der Prozeß gegen Epstein und andere.

Hätte man die drei Angeklagten – aufschlußreich, daß sie 1930 beim Prozeß nicht einmal als Zeugen auftauchten oder vernommen wurden – hätte man sie nur damals auch vor Gericht gestellt. Sie hätten ihre milde Strafe als Mitläufer, als Mitgegangene, als Beihelfer längst verbüßt; wären bei Hitlers Machtantritt ins Ausland geflohen ...? Aber wer als kleiner Mann konnte sich im Februar 1933 eine Fahrkarte kaufen nach Prag oder Paris? Wer besaß einen Reisepaß? Wohl niemand aus der Dragonerstraße und Umgebung.

Wären sie aber 1930 mitangeklagt und verurteilt gewesen, liefen sie jetzt auf freiem Fuße? In der »Nachtausgabe« ist über den beginnenden Prozeß zu lesen: Einige »der Verbrecher« von 1930 »haben die über sie ausgesprochenen Strafen bereits verbüßt, sind aber erneut in Schutzhaft genommen worden«.

Schutzhaft ist die »in politisch erregten Zeiten, auch während des Ausnahme- oder Belagerungszustandes ohne gerichtlichen Haftbefehl bewirkte Verhaftung«. In Preußen konnten »Personen in polizeiliche Verwahrung genommen werden zu ihrem eigenen Schutz, zur Besei-

Auf einer Straße in Neuruppin. Auf dem Pappschild, das die Frau mit sich herumtragen muß, steht: »Ich schamlose Person Gertrud Koss aus Charlottenburg Berlinerstr. 53 habe es gewagt, beim Absingen des Horst Wessel-Liedes sitzenzubleiben und somit das Opfer der nationalen Erhebung zu verhöhnen«.

tigung einer bereits eingetretenen oder zur Abwehr einer unmittelbar bevorstehenden Störung der öffentlichen Ordnung, wenn andere Mittel nicht zu Gebote stehen oder keinen Erfolg versprechen. Die Festgenommenen müssen spätestens im Laufe des nächsten Tages entlassen werden.« So war das in der Weimarer Republik. Aber nach der unmittelbar nach dem Reichstagsbrand erlassenen »Verordnung zum Schutz von Volk und Staat« vom 28. Februar 1933 sind »Beschränkungen der persönlichen Freiheit auch außerhalb der sonstigen gesetzlichen Grenzen und damit allgemein eine Schutzhaft auf Grund polizeilicher Anordnung zulässig«. Diese Polizei ist die Geheime Staatspolizei, kurz Gestapo genannt.

Hinter der »Schutzhaft« verbirgt sich seit 1933 das Konzentrationslager; das sind Zwangsarbeit, Folter, Quälereien und oft genug der Tod.

»Angriff« vom 12. Juni 1934

Die Bluthelfer Ali Höhlers vor Gericht

Die Angeklagtenbank im Horst-Wessel-Prozeß: Von rechts nach links: Peter Stoll, Sally Epstein und Hans Ziegler. In der vorderen Reihe die Verteidiger

»Konzentrationslager«, so das Brockhaus-Lexikon 1935, ist »die Bezeichnung für polizeilich beaufsichtigte und bewachte Unterkunftslager, in denen besonders im Jahre 1933 Personen zeitweise festgehalten wurden, um das Aufbauwerk der Regierung nach der nationalsozialistischen Revolution nicht zu gefährden«. Das muß man langsam und nachdenkend lesen. »Meistens handelt es sich um politisch verdächtige Personen (Kommunisten, Sozialdemokraten), aber auch um solche, die sich durch Korruption, Charakterlosigkeit, soziale Verständnislosigkeit und Sabotage der Arbeit nationalsozialistischer Gliederungen an der Volksgemeinschaft vergangen hatten.«

Wer hätte da nicht ins Konzentrationslager gehört, wenn sogar Charakterlosigkeit bestraft werden durfte ...

Was bedeutet »Charakterlosigkeit« nach Hitlers Machtergreifung? Wer möchte das vor dem neu geschaffenen Volksgerichtshof definieren?

Verdächtig ist das häufige Voranstellen des Wortes »Volk«: Volksgemeinschaft, Volksgenosse, Volksgerichtshof.

Im späten Ausgleich zu ihren umgedrehten Schalmeien hatten seit der Kapitulation im Mai 1945 die Nachfolger, die KPD, später SED, das Wort gleichfalls und wohl unüberlegt genutzt: Volksdemokratie, Volkspolizei, Volksarmee. Nur »Volksgemeinschaft« nicht. Die hatten die Nazis vorweggenommen.

Immerfort wurde »Im Namen des Volkes« verurteilt. Bald auch in diesem Prozeß. Nur daß es jetzt heißt: »Im Namen des Deutschen Volkes«.

Die Abendzeitung »Der Angriff« brachte am 12. Juni 1934 das Foto der Anklagebank quer über die ganze Titelseite unter der Zeile: »Die Bluthelfer Ali Höhlers vor Gericht«.

Da sitzt er in der Mitte, der arme Epstein, und hört, daß er leugnete. »Unter dem Druck der Beweismittel«, so die Anklageschrift, »räumte er später ein, zur Frankfurter Straße mitgegangen zu sein«, zur Großen Frankfurter. Dort sollte er vor dem Hause stehenbleiben, auf Nazis aufpassen und, wenn welche kämen, einmal lang pfeifen.

»Daß er dieses Zugeständnis gemacht habe, leugnete der Angeschuldigte später bei seiner richterlichen Vernehmung mit der Behauptung, die vernehmenden Kriminalbeamten hätten nicht zutreffend protokolliert und unzulässig gewalttätig auf ihn eingewirkt.« Es läßt sich vorstellen, wie sie ihn geprügelt haben. »Bei Gegenüberstellung mit den Beamten schränkte er diese Bezichtigungen ein.« Sie werden es ihm vor der Tür angeraten haben.

Aber Epstein blieb dabei, daß er nicht neben der Tür des Tathauses Posten gestanden habe.

Er wird zur Zielscheibe der Zeitungen. »Mit weinerlicher Stimme stellt Epstein in Abrede«, daß er den in Wessels Zimmer miteingedrungenen Rückert jemals gekannt habe. Es mag stimmen. Rückerts Gebiet lag nicht in der Dragonerstraße.

Epstein verteidigt sich ungeschickt und stolpert in jede Falle des Staatsanwalts.

»Die jüdische Unverfrorenheit des Angeklagten geht so weit, daß er durchweg alles bestreitet, was er in der Voruntersuchung zugegeben hatte.« Jüdische Unverfrorenheit. Wenn man jemandem dieses Beiwort zueignen kann, ist er schlimmer dran als der gewöhnliche Deutsche. Was mögen die Vernehmer Epstein eingeredet, abverlangt, angeboten, eingebläut, von ihm erpreßt und herausgedroschen haben: »Früher hatte Epstein gestanden, er sei beauftragt gewesen, Schmiere zu stehen. Wenn Sipos [Sicherheitspolizisten] oder Nazis kämen, sollte er mit dem Munde pfeifen, und zwar einmal lang, und dann flitzen. Das sei alles nicht wahr, meinte jetzt Epstein.«

Es mutet tatsächlich eigenartig an: Wenn Epstein der Schmieresteher vor Wessels Haus gewesen ist, warum hatte man ihn dann nicht 1930 vor Gericht gestellt oder wenigstens als Zeugen vernommen?

Schlagzeile am 13. Juni: »Epstein spielt den Erschöpften.« Der medizinische Gutachter hatte festgestellt: »Epstein sei zwar ein schwächlicher Mensch, doch sonst bei guter Gesundheit.«

»Stark belastet« ist der Angeklagte Epstein. »Besonders der Jude Epstein« – immer wird ihm das angekreidet – »entpuppte sich als ein gerissener Lügner, der in seiner blassen Angst nach jeder Gelegenheit griff, sich« – und das sei nicht zu überlesen – »vom Galgen zu schwindeln«.

Als Zeuge wird ein SA-Sturmführer aufgeboten. Er erklärt, daß »Epstein oftmals bei Zusammenkünften der Hitlerjugend erschien und Unruhe zu stiften versuchte«. Wie das klingt. Da ist einer verantwortlich für Agitation, und wenn er kommt und redet, und man läßt ihn ausreden, dann ist er, weil er womöglich Argumente hat, ein Unruhestifter.

Es gelingt nicht, dem armen Epstein – und den anderen beiden – mehr Schuld nachzuweisen. Er ist bereits schuldig dadurch, daß man ihm vorwerfen kann, Kommunist und Jude zu sein. Demnach ist er im Grunde der Mörder des blonden Helden.

Was man den Angeklagten jedoch glauben muß, ist, daß sie nicht daran gedacht haben, daß Horst Wessel bei dem Unternehmen getötet werden würde. Sondern höchstens »krankenhausfähig« gemacht.

Das Schwurgericht von 1934 aber wußte vom Nationalhelden und nahm Mord als Absicht an. Für alle Angeklagten. Ali Höhler konnte nicht mehr aussagen.

Zeugen werden vernommen. Das sind die uns bekannten vom Abend des 14. Januar 1930. Aus der Schutzhaft wird vorgeführt: Walter Junek, der an jenem Abend von Baers Kneipe in die Mulackstraße eilte, um Rückert und Höhler zu alarmieren. Ebenfalls aus dem Untersuchungsgefängnis die drei Brüder Max, Willi und Walter Jambrowski. Aus der Strafanstalt Brandenburg – denn sie haben ihre Strafe noch nicht verbüßt – bringt man Erwin Rückert und Josef Kandulski nach Berlin vor Gericht. Und selbstverständlich Elisabeth Salm, »zur Zeit in Schutzhaft im Untersuchungsgefängnis Berlin«.

»Blick in die Zeit« Nr. 19 vom 21. Oktober 1933

In dem badischen Ort Tettnang wurde ein Pärchen auf fünf Tage in Schutzhaft genommen, das auf die Melodie des Horst Wessel-Liedes einen Schieber getanzt hatte. (B.B.C.)

Ruth Krenn, die damals noch ihren Mädchennamen Ansbach trug, wurde verhaftet am 20. Februar 1934 und zunächst im Gestapo-Hauptquartier Prinz-Albrecht-Straße verhört. Sie war mit illegalem Material gefaßt worden. Dann brachte man die wegen Vorbereitung zum Hochverrat angeklagte Studentin in das Berliner Polizeipräsidium am Alexanderplatz.

Dort begegnete sie Elisabeth Salm. Etwa im März 1934.

»Die saß schon«, erzählt Ruth Krenn. »Die war schon weichgekloppt; den Eindruck hatten wir alle.«

Beim Spaziergang in einem der engen Höfe, »furchtbar beklemmend«, bekamen Kommunistinnen, meist junge Frauen, sofort Kontakt miteinander, suchten ihn schon auf den schmalen Treppen, wo die Überwachung der meist in Einzelhaft Gehaltenen kaum möglich war. Beim Rundgang, als es leichter gelang, nicht nur hintereinander zu gehen und miteinander zu sprechen, hatte eine gezeigt: Das da ist die Wirtin von Horst Wessel ...

»Und da ist es mir gelungen, hinter sie zu kommen«, erzählt Ruth Krenn im Frühjahr 1992, als wir beide in ihrer Wohnung sitzen.

»Und da hab ich sie gefragt, weshalb sie da ist und so, aber sie ist ausgewichen. Da hab ich gesagt: Sie haben doch etwas mit dem Horst-Wessel-Prozeß zu tun? – Da sagte sie: ›Ja, Ja.‹ So ungefähr wie: Ich bin die Wirtin. – Und da hab ich zu ihr gesagt, was man so sagt: Ist es denn schlimm? oder was weiß ich. Und da hat sie geantwortet: ›Ich werde kein Wort sagen! Ich rede nicht.‹ Und sie war ganz isoliert. Während wir anderen, oder die meisten, Genossinnen fanden oder irgend jemand, hielt sie sich vollkommen abseits.

Und ich hab auch nicht gehört, daß irgend jemand anders etwas aus ihr herausgekriegt hat.«

Damals wurde der zweite Horst-Wessel-Prozeß vorbereitet.

»Da haben wir natürlich begriffen, daß sie in Lebensgefahr ist. Das hat sie auch so gesehen. Das war aus dem wenigen, was sie von sich gegeben hat, durchaus zu folgern. Sie tat uns sehr leid, aber wir konnten ihr nicht helfen, das lag nicht in unserer Macht; und Zuspruch wollte sie nicht. Was sollte man ihr auch zusprechen?

Wir waren alle mit uns beschäftigt, aber wenn wir so darüber nachgedacht haben, sprachen wir über sie. Sie tat uns leid, aber es war nicht zu ändern.«

Kann sie Elisabeth Salm noch beschreiben?

»Sie sah viel älter aus, als sie vermutlich war.«

Elisabeth Salm war damals dreiunddreißig Jahre alt.

»Ich war damals sehr jung, also war eine Vierzigjährige für mich damals schon alt. Aber ich hab sie in Erinnerung, sie sah sehr schlecht aus, sehr fahl, ein bißchen aufgeschwemmt« – schließlich hatte sie Jahre im Gefängnis verbracht –, »und ich hatte den Eindruck, sie ist mindestens fünfundvierzig Jahre alt. Sie machte den Eindruck einer gebrochenen Frau, während die anderen Politischen, dazu gehörte sie ja, jünger waren und sich anders hielten. Auch in Einzelhaft. Trotzdem hatte man Kontakte. Aber sie hat sich völlig eingeigelt. Sie sah merkwürdig aus ...«

Elisabeth Salm muß eine hübsche Frau gewesen sein. Vor der Haft.

»Das kann eine Frau völlig ruinieren. Manche altern dabei schnell. Sie machte mir einen Eindruck eines Menschen in Lebensgefahr, irgend so etwas hat sie ja auch gesagt.«

Man kann es der zwischen Kommunisten und Nazis Geratenen, mehr oder weniger ahnungslosen Elisabeth Salm nicht verdenken, wenn sie nun Angst hat vor kommunistischen Frauen, denn sie ist im Gefängnis, weil sie Beistand gesucht hatte bei kommunistischen Männern.

Und Ali Höhler? Was wußte man damals über ihn? Ruth Krenn: »Das war eine sagenhafte Gestalt. Aus dem sind wir nicht schlau geworden. Er kam aus der kriminellen Szene. Die Kommunisten haben sich gescheut, darauf einzugehen, denn das war kein Ruhmesblatt für den Roten Frontkämpferbund. Da waren noch mehr kriminelle Elemente drin, zwielichtige Gestalten. So ist mir klar, daß man von Anfang an gesagt hatte: Kein Wort über Höhler.«

Da stehen sie erneut vor Gericht und müssen befürchten, daß sie aus Zeugen zu Angeklagten werden. Zum zweiten Male verurteilen, das darf das Gericht nicht.

Aber es gibt doch Konzentrationslager.

Kennen sie Höhlers Schicksal?

Was ist aus ihnen geworden?

Elisabeth Salm, mit der alles begann, wurde geboren als Elisabeth May am 1. Dezember 1900 in Bensheim an der Bergstraße.

Sie war das dritte Kind von Philipp und Klara May. 1926 hat Elisabeth nach Berlin geheiratet. Ihr Mann starb früh. Deshalb vermietete sie das Mansardenzimmer in der Großen Frankfurter Straße.

Elisabeth Salm starb im März 1945. Kein genaueres Datum. Und wo?

In Bergen-Belsen. Das Konzentrationslager, in dem Anne Frank umkam.

Demnach hat Elisabeth Salm nach ihrer anderthalbjährigen Gefängnisstrafe vor 1933 all die folgenden Jahre im Lager gelebt ...

Man hat sie nach dem Prozeß 1934 wieder in ein Konzentrationslager gebracht. Ob in das eine, ob in mehrere? Jedenfalls war sie bis zum Ende der Hitlerherrschaft inhaftiert und ist durch Zwangsarbeit gequält worden, bis sie daran starb.

Im Standesamt Arolsen sind die meisten Opfer des Naziregimes erfaßt. Warum nicht dort auch nach den anderen fragen?

Nach Rückert, Kandulski, Junek, nach den drei Brüdern Jambrowski, nach Kupferstein, Drewnitzki und nach Else Cohn. Sie ist nicht im Gedenkbuch der »Opfer der Verfolgung der Juden unter der nationalsozialistischen Gewaltherrschaft« registriert. Konnte sie beizeiten verschwinden?

Hilfsbereit antwortet das Sonderstandesamt Arolsen auf diese Fragen.

Erwin Rückert. Der so vielfach vorbestrafte Bereitschaftsführer, der pistolenbereit neben Höhler vor Horst Wessels Zimmertür Posten bezogen hatte. Rückert verbringt den Rest seines kurzen, zumeist hinter Gittern vertanen Lebens im Konzentrationslager und erlebt nicht einmal seinen 40. Geburtstag. Erwin Rückert starb am 21. Januar 1943 in Gusen. Dort befand sich ein Außenkommando des Konzentrationslagers Mauthausen.

Josef Kandulski. Er war der dritte Mann neben Wessels Zimmertür gewesen und hatte dafür fünf Jahre und einen Monat Zuchthaus bekommen. Auch er starb im Kommando Gusen des Konzentrationslagers Mauthausen. Er war vierzig Jahre alt geworden.

Walter Jambrowski war am 14. Januar 1930 als vierter Mann mit in die Wohnung von Elisabeth Salm gegangen, hatte aber in der Küche die Entwicklung abgewartet. Dafür bekam er eine Gefängnisstrafe von einem Jahr und sechs Monaten. Die hatte er, großzügig gerechnet, Ende 1932 verbüßt.

Laut Sterbeurkunde verstarb Walter Jambrowski am 27. August 1937 in Buchenwald. Hinter diesem idyllischen Namen verbarg sich das Konzentrationslager, unter dessen Bedingungen auch Walter Jambrowski seinen 40. Geburtstag nicht erlebte.

Für die übrigen liegen in Arolsen keine Unterlagen oder Informationen vor, obgleich die Genannten 1934 in Schutzhaft waren. Sind sie davongekommen?

Willi Jambrowski, der älteste der drei Brüder, der seine achtzehn Monate Gefängnis vom 21. April 1931 bis 22. November 1932 verbüßt hatte, wurde nicht entlassen, sondern zu seiner »persönlichen Sicherheit« in Schutzhaft behalten. Zwei Monate vor Hitlers Machtergreifung. Vor Einrichtung der ersten Konzentrationslager Oranienburg und Dachau. Ende 1932 konnte sich kaum jemand vorstellen, wie sich die Nazis der deutschen Justiz bemächtigen würden.

Willi Jambrowski wurde als Schutzhäftling übernommen »und bis 1945 – überwiegend in KZ-Lagern – inhaftiert«. So mag es auch seinem Bruder Max ergangen sein. Über dessen Schicksal ist ebenso wie über das Walter Juneks bislang nichts bekannt.

Die Rache war gründlich.

Für Horst Wessel fünf Tote, zunächst. Denn über Else Cohn wissen wir noch nichts.

Es geht ihm schlecht, dem armen Epstein, in diesem Prozeß, in dem – was er noch nicht ahnt – sich sein Leben in der Hand des Gerichts befindet.

Ob er Zeitungen lesen darf in seiner Zelle? Der Staatsanwalt sagt ihm ins Gesicht: »Epstein ist ein besonderes Kapitel in diesem Prozeß. Dieser Epstein, der kommunistische Wahlparolen in die Welt hinausschrie, will zu schwach gewesen sein, den Weg zum Mordhause zurückzulegen.« Natürlich war es unklug, das Mitgehen zu leugnen.

Die drei – Stoll, Epstein und Ziegler – werden angeklagt, »gemeinschaftlich mit anderen Tätern vorsätzlich und mit Überlegung einen Menschen, nämlich den SA-Sturmführer Horst Wessel, getötet zu haben«.

Aber keiner von ihnen war im Haus gewesen, geschweige denn in der Wohnung.

Die Anklage nutzte das Urteil von 1930, in dem es heißt: »... da das Gericht des weiteren auch davon überzeugt ist, daß jeder der Täter die Aktion gegen Wessel auch für den Fall, daß sie mit dem Tod Wessels endigt, gebilligt hat, so trägt es keine Bedenken, bei jedem der Beteiligten den Vorsatz der Tötung festzustellen«.

Dazu heißt es 1934: »Die Ausführungen des Schwurgerichts gelten auch für die nunmehr angeschuldigten drei Teilnehmer an dem Überfall: Stoll, Epstein und Ziegler.« So brauchbar ist die Justiz der ansonsten als »Systemzeit« verunglimpften Weimarer Republik.

Die Kommunistische Internationale, die Zuhälter-Legende vertretend – was soll sie sonst sagen? – läßt in ihrem

Auslandsorgan, der »Basler Rundschau«, äußern: »Die jetzt vor dem Gericht stehenden drei Arbeiter sind unschuldig!«

Es nützt ihnen nichts. Mag es sogar heißen: »Das Blut von drei Unschuldigen soll die Ehre des neuen Nationalhelden reinwaschen!«

Solche Sätze und andere ärgern aber den Staatsanwalt so sehr, daß er erklärt: »Dieser Prozeß ist keine Sensation. Schon haben sich dunkle Kräfte ans Werk gemacht, ihm eine Tendenz unterzuschieben.« Er wird böse: »›Racheprozeß‹ so schreit es in den Zeitungen internationaler Literaten.«

»Literaten« ist allemal ein Schimpfwort. Ganz verwerflich, wenn es sich um »internationale« handelt.

Als am vierten Verhandlungstage der Staatsanwalt einige Zeugen vernommen hatte, die die Schuld der drei Angeklagten »einwandfrei erwiesen«, wandte er sich an das Gericht: »Sie werden immer zu einem Urteil kommen müssen, das mit dem des Jahres 1930 nichts gemein hat.« Sieh an. »Schuld daran war, daß unsere vergangene Justiz sich einer nicht zur Ehre gereichenden Knochenerweichung liberalistischer Denkungsart hingegeben hat.« Welch ein Satz! Die »Knochenerweichung« paßt zu den »morschen Knochen« der Welt, die im Liede vorkamen, das allüberall gesungen wurde. Man würde mit ihnen fertigwerden, heute in Deutschland, morgen in der ganzen Welt. Viele junge Menschen dachten sich nichts dabei, wenn sie es sangen. Es war nicht das letzte Mal, daß die Bevölkerung sich nichts dabei denken sollte, wenn ihr Sätze vorgesagt wurden.

Von den Verteidigern ist im Bericht der »Berliner Morgenpost« vom 16. Juni 1934 erst gar nicht die Rede.

Zwei Todesurteile im Horst-Wessel-Prozeß

„Die Tat — ein wohlorganisierter Plan"

Am gestrigen vierten Verhandlungstag verurteilte das Schwurgericht beim Landgericht Berlin den 27 Jahre alten Sally Eppstein und den 32 Jahre alten Hans Ziegler wegen gemeinschaftlichen Mordes zum Tode bei dauerndem Verlust der bürgerlichen Ehrenrechte. Der 31 Jahre alte Peter Stoll erhielt eine Zuchthausstrafe von 7 Jahren 6 Monaten sowie zehn Jahre Ehrverlust.

In der Urteilsbegründung führte der Vorsitzende aus, daß es sich bei der Ermordung des nationalsozialistischen Freiheitshelden Horst Wessel um eine bestialische Tat handelt. Wenn die Angeklagten auch während des Prozesses behaupteten, Horst Wessel nicht gekannt zu haben, so sehe das Gericht als erwiesen an, daß das eine glatte Lüge sei. Jeder aktive Kommunist um den Fischerkietz habe den Mann gekannt und gehaßt, der es als erster gewagt hat, nationalsozialistische Formationen unter dem Vorantritt einer Schalmeienkapelle marschieren zu lassen. Denn die Kommunisten hatten geglaubt, dieses Recht nur für sich geltend machen zu können.

Zu Beginn der gestrigen Verhandlung wurde nach der Vernehmung einiger Zeugen die Beweisaufnahme geschlossen, und der Vertreter der Anklage, Staatsanwaltschaftsrat Ebert, erhielt das Wort zu seiner Anklagerede. Er schilderte die Situation, wie sie vor 4½ Jahren im Fischerkietz lag. Die Mordzentrale im Karl-Liebknecht-Haus wachte mit Aengstlichkeit über das Anwachsen der Hitlerbewegung. Die Stürme [illegible] endlich waren die Träger des Kampfes, der hinausgetragen wurde [illegible]. Es ging sogar so weit, daß die SA-Männer mit der Waffe in der Hand ihr Leben gegen den roten Terror verteidigen mußten. Allen voran habe der tatkräftige Sturmführer Horst Wessel gestanden. Der blutige Terror hatte sogar eine Regierung, die damals die Kommunisten als „politische Kinder" bezeichnete, dazu gezwungen, den

Er beantragte dann gegen Ziegler und Eppstein die Todesstrafe und gegen Stoll 13 Jahre Zuchthaus und 10 Jahre Ehrverlust.

*

Pünktlich nachmittags um 3 Uhr erschien das Gericht von seiner Beratung im bis auf den letzten Platz gefüllten Zuhörerraum und verkündete den Urteilsspruch. Ziegler und Eppstein brachen bei den Worten des Vorsitzenden in Tränen zusammen. Die im Zuhörerraum anwesende Frau des zum Tode verurteilten Ziegler verfiel in Schreikrämpfe und mußte von einem Justizwachtmeister aus dem Saal geführt werden.

Die Strafanträge im Anlauf—Lenck-Prozeß

Drei Todesurteile gefordert

Im Mordprozeß wegen der Erschießung der beiden Polizeihauptleute Lenck und Anlauf am 9. August 1931 auf dem damaligen Bülowplatz stellte heute der Staatsanwalt, Staatsanwaltschaftsrat Dr. Jaeger, nach seinem Plädoyer gegen die fünfzehn Angeklagten folgende Strafanträge:

Gegen die Angeklagten Michael Klause, Max Matern und den früheren Portier des Karl-Liebknecht-Hauses Wilhelm Broede wegen gemeinschaftlichen Mordes die Todesstrafe,

gegen Erich Wichert und Bernhard Jachow wegen Beihilfe zum Mord je 15 Jahre Zuchthaus und 10 Jahre Ehrverlust,

gegen Wilhelm Schünke 12 Jahre Zuchthaus und 10 Jahre Ehrverlust,

gegen Willi Bolzer 10 Jahre Zuchthaus, 10 Jahre Ehrverlust,

gegen Berthold Werner 6 Jahre Zuchthaus, 5 Jahre Ehrverlust,

gegen Johannes Broll und Max Holz je 5 Jahre Zuchthaus und 5 Jahre Ehrverlust,

»Berliner Morgenpost« vom 16. Juni 1934

»Pünktlich nachmittags um drei Uhr erschien das Gericht von seiner Beratung im bis auf den letzten Platz gefüllten Zuhörerraum und verkündete den Urteilsspruch.«

Todesurteil für Sally Epstein und Hans Ziegler.

Für Peter Stoll wegen Beihilfe 7 Jahre, 6 Monate Zuchthaus und zehn Jahre Ehrverlust. Höhler hatte 6 Jahre und einen Monat Zuchthaus bekommen. Ob Stoll seine Strafe überlebt hat?

»Ziegler und Epstein brachen bei den Worten des Vorsitzenden in Tränen zusammen«, schreibt die »Morgenpost«. »Die im Zuhörerraum anwesende Frau des zum Tode verurteilten Ziegler verfiel in Schreikrämpfe und mußte von einem Justizwachtmeister aus dem Saal geführt werden.« Könnte es vielleicht Rosa Lutter gewesen sein, die wie eine Mutter an Sally Epstein hing?

Zwei Wochen später am 30. Juni, werden ganz andere Todesurteile verkündet und sofort vollstreckt: Hitler läßt die ihm unbequeme SA-Führung beseitigen, darunter Berlins SA-Chef Karl Ernst, dem es nun wie Ali Höhler ergeht.

Horst Wessel wäre wohl nicht unter den Geopferten gewesen?

Die Urteilsbegründung erwähnt, »daß die bereits abgeurteilten Täter nunmehr als Zeugen die Hintergründe und Einzelheiten der Tat aufzuklären veranlaßt werden konnten«. Wodurch sie veranlaßt werden konnten, ist vorstellbar.

Erna Jaenichen, »inzwischen unauffindbar«, konnte nicht aussagen. Wie gut. Vielleicht wäre dabei im Jahre 1934 unerwünschte Wahrheit herausgekommen.

Wessels ehemalige Braut war bereits 1932 Opfer eines Romans geworden. Der Gruselautor (»Alraune«) Hanns Heinz Ewers (1871–1943) hatte ein Buch mit dem Namen »Horst Wessel« geschrieben. Konjunkturbeflissen, um beim bevorstehenden Sieg der NSDAP in der Nähe zu sein.

Leseprobe. Horst Wessel unterhält sich mit Erna:

»›Dann gehst du also wieder auf dem Strich?‹ fragte er. Da fuhr sie auf – Blut trat in die bleichen Wangen.

Nein, nein, das sei nicht war! Nicht einmal mehr seit jener Nacht. Und wenn sie verhungern müsse, würde sie doch mit keinem mehr laufen. Solange –

Sie stockte. ›Nun?‹ verlangte er.

Sie senkte den Kopf, murmelte: ›Solange Sie leben.‹

Er antwortete nicht, blickte zu ihr hinüber, lächelte still.«

Das war sogar den Nazis zuviel, und sie verboten es nebst anderen Werken von Ewers als »dekadent«.

Erna Jaenichen, die sich längst zurückgezogen und später einen Angestellten geheiratet hatte, klagte 1935 gegen diesen Schriftsteller und seinen Verlag (J. G. Cotta'sche Verlagsbuchhandlung) »wegen Schilderung ihrer Persönlichkeit in dem Buche«. Es gab einen Vergleich. »Das Buch ist aus dem Handel zurückgezogen worden«, lautete das Urteil.

Und damit verlassen wir Erna, die unter einem neuen Namen ein neues Leben angefangen hat.

Der uns bekannte Weg zur Großen Frankfurter Straße 62 an jenem Abend bekommt neue Akzente: Max Jambrowski wies, so das Gericht, die einzelnen Bereitschaftsmitglieder an, »wie sie sich als Posten auf der Straße zu verteilen hätten, um die Täter zu decken, die in die Wohnung Wessels eindringen sollten. Der Angeklagte Stoll faßte an der Ecke [Große] Frankfurter/Waßmannstraße Posten, von wo aus er vier Straßenzüge übersehen konnte. Der Angeklagte Epstein erhielt seinen Platz unmittelbar neben dem Eingang des Hauses Nr. 62. Ihnen wurde die Anweisung zuteil, daß sie pfeifen sollten, sobald Polizei oder SA erscheine.«

Ziegler war mit ins Haus gegangen, wollte eifrig mit in die Wohnung, war aber dann zurück auf die Straße geschickt worden, wo er sich in der Nähe des Hauses aufhielt.

»Auf der Straße hatte sowohl der Angeklagte Epstein wie Stoll den Schuß gehört. Unten angekommen, rief Walter Jambrowski den einzelnen Posten, insbesondere dem weiter entfernt stehenden Stoll im Vorüberlaufen zu: ›Türmt!‹.« Ein Berliner Wort, das für schnellstes Weglaufen steht.

»Auch Epstein, der noch vor der Haustür stand, bekam von Kandulski, der ihm gleichzeitig zurief: ›Er ist erledigt‹, den Befehl zu ›türmen‹. Epstein schloß sich Kandulski an. Dieser hatte den aus der Wohnung Wessels entwendeten Gummiknüppel in der Hand und steckte ihn dem Epstein zu. Der Angeklagte Epstein, der nach der Tat ängstlich geworden war, wollte ihn nicht an sich nehmen und stopfte ihn auf Anregung von Kandulski bei der Flucht in einen Gully«, einen Einlaufschacht für die Kanalisation.

Der Gummiknüppel ist ein etwa 35 cm langer, 2,5 cm dicker schwingender Stab aus Vollgummi (nach: Der Große Brockhaus 1935). Der Gummiknüppel gehört zu den Schlagwaffen der Polizei, die verwendet werden, wenn keine Veranlassung vorliegt, von der blanken Waffe oder der Schußwaffe Gebrauch zu machen.

Später fanden sich die Beteiligten, darunter Epstein, Stoll und Ziegler, wieder bei Baer in der Kneipe ein, wo Max Jambrowski alle zu Stillschweigen verpflichtete.

Weiter heißt es: »Höhler und Rückert wurden nach der Tat in einem jüdischen Haushalt die Nacht über untergebracht und am nächsten Tage in die Villa eines jüdischen Besitzers in Glienicke geschafft, wo sie verpflegt und untergebracht wurden.«

Gleich zweimal die Bezeichnung »jüdisch«. Aber weder die Familie Schmidt in der Rosenthaler Straße noch die Sanders in ihrer Villa in Glienicke waren Juden. Doch wer weiß das im Jahre 1934? Und welche deutsche Zeitung dürfte im Inland das Gegenteil beweisen? Es gibt nur von der Regierung gelenkte Blätter.

Also, Juden haben Wessels Mördern geholfen! Das paßt in die Vorbereitung der Judenverfolgung, die am 1. April 1933 mit dem Boykott der Geschäfte begonnen wurde, aber nicht in allen Kreisen der Bevölkerung gewirkt hatte wie gewünscht. Nun kamen solche erfundenen Behauptungen über Helfershelfer gelegen.

Vor Gericht erscheint die Horst-Wessel-Legende in der Sicht der KPD: Die Beteiligten sollten »den Vorfall als eine persönliche Streitigkeit zwischen Höhler und Wessel« darstellen. »Es sollte auf keinen Fall der Eindruck entstehen, als seien politische Beweggründe maßgebend gewesen. Die Beteiligten sollten angeben, es handle sich um einen Streit zwischen Höhler und Wessel wegen der Erna Jaenichen, von der Wessel ausgehalten worden sei.«

Mit der gut funktionierenden Reichspost hatte Elisabeth Salm bereits am Tage nach der Tat eine Karte vom Karl-Liebknecht-Haus erhalten »mit der Aufforderung, dort zu erscheinen«. Dort wurde sie gefragt, »ob Horst Wessel nicht ein Zuhälter und die ganze Angelegenheit ein Streit zwischen zwei Zuhältern, ihm und Ali Höhler, gewesen sei. Die Zeugin Salm bekundet, daß sie schon damals im Karl-Liebknecht-Haus mit Entschiedenheit erklärt habe, daß der Sturmführer Horst Wessel mit Zuhälterei nichts zu tun habe.«

Im Gegenteil, der Sturmführer Horst Wessel »hatte in Kommunistenkreisen jenes Bezirkes deswegen von sich Reden gemacht, weil er durch seine Werbearbeit und sein Auftreten den kommunistischen Ideen erheblich Abbruch getan hatte. Er hatte Gelegenheit genommen, auf Angehörige der KPD in persönlicher Rücksprache einzuwirken, und hatte die Funktionäre der KPD in einer von ihm einberufenen Versammlung zur politischen Diskussion aufgefordert, zu der übrigens auch der Angeklagte Epstein erschienen war, wegen seiner nichtarischen Abstammung aber als Diskussionsredner nicht zugelassen worden war.« So streng die Bräuche.

Es klingt schlimm für die Angeklagten: »Allen Beteiligten war bekannt, daß gerade die herbeigeholten politischen Freunde Rückert und Höhler zu brutalen Genossen zählten, die Waffen bei sich führten. Alle kannten die Gefährlichkeit des Unternehmens, und allen war der politische Gegner, Sturmführer Wessel, gleich verhaßt. Ihnen war daher bekannt«, wenn sie mit so vielen Teilnehmern und unter so großen Vorsichtsmaßregeln einen Gegner überfallen würden, daß er auf der Strecke bleiben werde, »wenngleich ihnen vielleicht nicht bekannt war, unter welchen Umständen«.

Es nützt nichts, daß »Epstein und Ziegler zur Zeit der Abgabe des Schusses nicht vor der Wohnungstür« Wessels sich befunden haben, »so kamen sie sich doch bei der Tat nicht als Gehilfen vor, wollten also das Vorhaben nicht als Aktion des Höhler, des Rückert und der anderen, sondern wollten es auch als ihre eigene Aktion; das, was man nach gemeinsam gefaßtem Plan gegen Wessel unternommen hatte, war die Tat aller gewesen. Nur hatte man die Rollen der Veranlagung der einzelnen entsprechend verteilt.«

Epstein hatte seine Anwesenheit bei der Tat abgestritten und behauptet, er hätte mit einem Bekannten in der fraglichen Zeit Karten gespielt. Jener aber saß damals in Strafhaft. Der arme Epstein ist allein. Er hat keinen guten Verteidiger. Auch daß er, wie er aussagt, sich mehr zufällig zum Tatort begeben habe, wirkt nun unglaubhaft.

»Die Handlung des Höhler war von Epstein und Ziegler als eigene Tat gebilligt und gewollt, an ihr wirkten sie in dem ihnen zuteil gewordenen Maße mit.« Das Nazi-Reich braucht und bekommt seine Rache: Sein Gericht »konnte keine Bedenken haben, bei beiden Beteiligten den Vorsatz der Tötung festzustellen und somit sowohl den Angeklagten Epstein als auch den Angeklagten Ziegler der vorsätzlichen Tötung für schuldig anzusehen«.

Wie denn das!

Es ging doch um die proletarische Abreibung, wie amtlich bestätigt.

Das Gericht müht sich, das »Mit Überlegung gehandelt« zu klären. Das »ergibt sich aus ihrem gesamten

Verhalten. Als sie davon hörten, daß die Aktion gegen den unliebsamen Gegner durchgeführt werden sollte, begaben sie sich mit Wissen und Willen zur Ausführung der Tat.« Als ob sie die Anführer gewesen seien.

Zwar spielt die Neugier eine Rolle, das Nichtzurückstehen, aber wer ging vorneweg?

Das Gericht von 1934 baut eine Schuld auf, die das Gericht von 1930 anders bewertete.

1934: »Schon auf dem Wege zur Tat hatte man über das Geplante gesprochen, und jeder von diesen beiden Angeklagten war in der Lage, während des mindestens zwanzig Minuten lang dauernden Weges das Für und Wider zu überlegen und gegeneinander abzuwägen, welche Umstände zur Tat drängen und welche von ihr abhalten könnten.« Solche Annahme ist bühnenreif. Man sieht sie am Alexanderplatz innehalten: »Halt mal, Genossen! Wir wägen jetzt das Für und Wider ab. Was drängt uns, was hält uns ab?« Epstein zupft Höhler am Ärmel: »Bitte, gib mir die Patronen, damit nichts passiert!« Ziegler diskutiert mit Elisabeth Salm: »Vielleicht kann er Erna herunterschicken ...« Max Jambrowski bekommt Skrupel. Jede Aktion muß der vorgesetzten Leitung gemeldet werden: Wie können wir planen, wenn sie nicht geplant hat?

All das geht den Angeklagten nicht durch den Kopf. Sie sitzen und hören. Ob sie verstehen, weiß man nicht. Es ist nicht ihr Wortschatz, der da auf sie und die Zuhörer regnet.

Plötzlich sind sie die Hauptschuldigen! Epstein und Ziegler, so heißt es, »haben schon auf dem Hinweg planmäßig und überlegend gehandelt, indem sie ohne besondere Anordnung in Gruppen unauffällig zum Tatort schritten«. Mitgelaufen sind sie, wie jeder erkennt. Aber die Worte »planmäßig«, »überlegend« und »unauffällig« wiegen schwer. Sollte Horst Wessel nicht bloß verprügelt werden? Und weder von Epstein noch von Ziegler, der sich allerdings hervorgetan hatte, um Wessels Wohnung ausfindig zu machen. Doch er war nicht zuverlässig genug, mußte draußen vorm Haus warten. Unbrauchbar.

Das Gericht packt den Juden: »Epstein faßte in aller Ruhe«, was wir bezweifeln möchten, »vor dem Hause Große Frankfurter Straße 62 Posten.« Er muß aufgeregt gewesen sein, auch als Nebenperson. Weil das Gericht ihm nachsagt, es »kann keine Rede davon sein, daß diese Angeklagten in einem Erregungszustand gehandelt haben und infolgedessen nicht in der Lage waren, Erwägungen nach dem Für und Wider anzustellen«. Sollten sie, als Straßenposten eingeteilt, etwa den anderen ins Haus nachlaufen und rufen, die nächsten Schritte müßten erst ausdiskutiert werden?

Bestimmt ist Epstein aufgeregt gewesen als Posten vorm Haus oder an der Ecke. Aber er hat, so das Gericht, »sich selbst nicht einmal [darauf?] berufen«; eben weil er nur einen Pflichtverteidiger hat.

»Es kann auch keine Rede davon sein, daß sie in blindem Gehorsam den Anordnungen des Max Jambrowski gefolgt sind.« Den hat man im Griff. Der hockt in Schutzhaft und ist hier vorgeführt worden. Und darf, denn man fühlt sich als Rechtsstaat, nicht erneut verurteilt werden.

Übrig bleibt, Epstein und Ziegler haben »mit Überlegung gehandelt und sind des gemeinschaftlichen Mordes im Sinne der §§ 211, 47 StGB schuldig.« Todesstrafe.

Das war vorauszusehen.

Stoll, der dritte Angeklagte, durch den alles erst zutage kam, unternahm in der Untersuchungshaft einen

Selbstmordversuch »und hatte damit ein Eingeständnis seiner Schuld geliefert«.

Keine Rede mehr von der »proletarischen Abreibung« ohne Waffen, mit Fäusten, an deren Ende das Krankenhaus, aber nicht der Friedhof steht.

Die »Neue Zürcher Zeitung«, in ihrer souveränen Neutralität, schreibt am 17. Juni 1934: »Das elementare Rechtsgefühl muß sich gegen ein solches, ausschließlich von den politischen Leidenschaften diktiertes Urteil aufbäumen. Der Staatsanwalt hat bei Begründung seines Antrages auf Todesstrafe zwar das Bedürfnis empfunden, sich gegen den Verdacht zu verwahren, als ob die Rachefurie durch den Gerichtssaal rase, dabei aber kein geeigneteres Argument gefunden als das, die Kritiker des Verfahrens im voraus als ›Reptilien‹ und ›internationale Literaten‹ zu etikettieren. Die beantragten Todesurteile bringt der Staatsanwalt in Zusammenhang mit dem ›geläuterten deutschen Gerechtigkeitssinn‹, und das Gericht ist ihm dabei ohne Bedenken gefolgt.«

Und da steht noch ein Satz: »Epstein ist Jude, was seine Lage im gegenwärtigen Prozeß keineswegs erleichtert hat.«

Was für ein Jude ist Epstein eigentlich? Um es erneut zu sagen: Er gehört nicht zu den geborenen Berlinern, die im Westen der Stadt leben und als Prototyp für den »reichen Juden« gelten, den »Geschäftemacher« und wie die Aufkleber lauten mögen. Epstein gehört nicht zu den Gläubigen, die in der Levetzowstraße oder Lindenstraße die Synagoge besuchen, auch nicht zu denen, die wenigstens das jüdische Neujahr so bewußt wahrnehmen wie

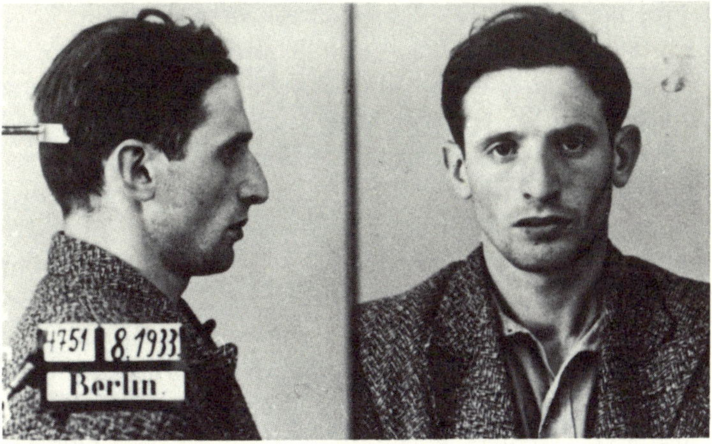

Sally Epstein, 1933

etliche Christen, die am Weihnachtsabend in die Kirche gehen und die alten Lieder singen. Epstein, zwar aus dem Osten eingewandert und im Scheunenviertel wohnhaft, ist kein Ostjude, kein Orthodoxer. Er geht ohne Kaftan und Schläfenlocken durch die der Dragonerstraße benachbarte Grenadierstraße, unbehelligt, niemand will ihn zum alten Glauben zurückführen, niemand zieht ihn in eine der Privatsynagogen oder zum Wunderrabbi Abram Mordko Grynberg, der in der Alten Schönhauser Straße 26 wohnt. Es ist eine jüdische Kleinstadt, an deren Rand Sally Epstein in der Familie Lutter lebt. Die sind Christen, weil getauft und konfirmiert, aber keine Kirchengänger. Sie treffen sich mit ihrem Gehilfen und Untermieter, der ihnen wie ein Sohn gilt, in der linken Einstellung zu den Lebensverhältnissen, die zum Besseren geändert werden sollen für die meisten Leute. Sally Epstein gehört zum Proletariat. Ist es nicht bemerkenswert, daß weder die Malersleute Lutter, noch der Rote Frontkämpferbund, noch die Kommunistische Partei Anstoß nehmen daran, daß ihn bereits sein Vorname zum Juden erklärt, um nicht zu sagen abstempelt?

Epstein hat sich auch nicht taufen lassen, um in dieser deutschen Umgebung besser voranzukommen. Selbst das hätte ihm vor Gericht nichts genutzt, denn sogar der weltberühmte Felix Mendelssohn Bartholdy, auf einem evangelischen Berliner Friedhof begraben mit den Angehörigen, wurde zu Hitlerzeiten nicht mehr gespielt.

Wie so viele vor ihm war Sally Epstein, der sich nicht einmal einen anderen, unverfänglicheren Vornamen zulegte, in diese Stadt Berlin gekommen. Er fand hier Arbeit, gute Menschen und eine Heimat inmitten Gleichgesinnter, die nach einer besseren Ordnung strebten. Er fühlte sich hier wohl. Bei Baer beim Bier tat ihm keiner etwas. Er wurde sogar »Agitator«, bekam ein Amt, eine Funktion. Niemand fragte, ob er Jude sei oder nicht. Der Mensch als solcher zählte.

Wenn er sich nun Adolf Erbstein genannt hätte und zu den Nationalsozialisten gegangen wäre, zum Sturm Horst Wessel? Hätte man ihn aufgenommen? Aber er hätte nicht hineingepaßt, weil er andere Ideale in sich trug.

Nein, Sally Epstein war Jude und Kommunist, und das war damals, nur damals?, doppelt schlimm.

Nun hatten sie wenigstens einen Juden vor Gericht. Der hatte ihren Horst Wessel auf dem Gewissen, auch wenn er nur des Sturmführers Gummiknüppel berührt hatte.

Ja, »Epstein ist Jude, was seine Lage keineswegs erleichtert«.

Aus diesen Junitagen 1934 berichtet »Blick in die Zeit« allerlei Bedenkenswertes. Aber das wird, wie zumeist, erst nachträglich klar. Unter der Überschrift »Die Faust der Nation« werden kleine Zitate aus großen Reden gesammelt. Hitler in Gera: »All die kleinen Zwerge« – wenn sich der Redakteur nur hätte leisten können, über diesen weißen Schimmel herzuziehen ... Also was passiert mit diesen Zwergen? Hitler meint die SA-Führung. Sie »werden hinweggefegt«. So geschah es.

Goebbels in Berlin-Neukölln über Kritiker und Nörgler: »Packt sie euch, tretet ihnen entgegen, und ihr werdet sehen, wie sie feige zurückweichen, wenn ihnen einer die Wahrheit sagt.«

Im Preußischen Staatsrat spricht Ministerpräsident Göring über die zweite Revolution, die der unzufriedenen SA, die Versprechen von vor 1933 anmahnt: »Wünscht der Führer die zweite Revolution, dann stehen wir, wenn er es wünscht, morgen auf der Straße; wünscht er sie nicht, werden wir jeden unterdrücken, der gegen den Willen des Führers eine solche machen will.« Deutliche Töne an die Staatsratsmitglieder: »Das ist die Auffassung, die jeder als seine eigene festzulegen hat. Über Dinge, die das ganze Staatsgefüge in seinen Grundfesten erschüttern, darf nur der Führer das letzte Wort sprechen.«

Goebbels in Essen: »Ich bin überhaupt der Meinung, daß wir die Macht haben, alles zu tun, was wir für richtig halten. Unsere Macht ist uneingeschränkt.«

Und all das innerhalb weniger Tage Mitte Juni 1934.

Am 30. Juni begann das Blutbad.

Unterdessen probierte Rosa Lutter nochmals, »unseren Sally zu retten und fand in Dr. Rosenberg und Rechtsanwalt Kramer große Hilfe. Beide versuchten ihr Möglichstes, aber leider wurde am 5. November 1934 die Revision verworfen.«

Neun Seiten lang begründet der Zweite Strafsenat des Reichsgerichts, warum er die Revisionen der drei Angeklagten verworfen hat. Es bleibt, wie vom Schwurgericht festgestellt: Zweck des Unternehmens war, den besonders verhaßten Sturmführer zu töten; Höhler, Rückert, Epstein, Ziegler und Stoll haben diesen Zweck gekannt.

»Auch jetzt ruhte ich nicht«, schreibt Rosa Lutter. »Ich schrieb an Göring«, den preußischen Ministerpräsidenten, »ein Gnadengesuch. Als er mir antwortete, daß er darüber nicht verfügen könnte, ich solle mich an Hitler wenden, schrieb ich am 31. 12. 34 an denselben.«

Wie mag dieser Silvesterabend in der Familie Lutter ausgesehen haben?

Weil Hitler nicht antwortete, antworten ließ, »ging ich am 10. März 35 den schweren Weg zur Reichskanzlei«. Die befand sich am Wilhelmsplatz, wo seit zwei Jahren oft genug Tausende ihrem Führer zugejubelt hatten. »Obgleich ich mich dort als die Mutter von Sally ausgab, wurde ich mit Schimpfworten und Stößen vom Hof gejagt.«

Hitler bekam bald Gelegenheit, sich als Staatsoberhaupt über den armen Epstein zu äußern.

Seine Macht ist unbeschränkt, wie wir erfuhren.

Bei der Staatsanwaltschaft treffen Gnadengesuche ein. Aus dem Saarland, das als Saargebiet erst ab 1. März 1935 wieder zu Deutschland gehören wird, aus sicherer Entfernung also schickt am 3. Dezember 1934 der Saarbrükker Rechtsanwalt Wertheimer eine Eingabe. Er habe in Gegenwart des englischen Anwalts Lawson und eines holländischen Anwalts den in dem Verfahren von 1930 wegen Begünstigung zu vier Monaten verurteilten Kommunisten Hermann Kupferstein vernommen. Der hatte, wie wir uns erinnern, anderntags Höhler und Rückert die Unterkunft bei Schmidt besorgt. Am 14. Januar 1930 war er nicht dabei.

Aus Kupfersteins Angaben ergebe sich, schreibt der Anwalt, daß Epstein und Ziegler nicht am Tatort gewesen seien. Der in Paris als Emigrant lebende Kupferstein erklärt, Ziegler sei als Kellner im Lokal Baer seiner Arbeit nachgegangen, Epstein habe zu Hause krank im Bett gelegen. So hatten anfangs ihre Aussagen gelautet, ihre Geständnisse jedoch anders. So war es ein Bärendienst, den Kupferstein den Verurteilten erwies, als er ihnen helfen wollte.

Unvermittelt, unvermutet taucht Epsteins leiblicher Vater auf. Jacob heißt er mit Vornamen und wohnt in Jastrow, Töpferstraße 27. Drei Gnadengesuche reicht er ein, am 17. Juni, am 13. November und am 29. November, und bittet, die Todesstrafe in eine Freiheitsstrafe umzuwandeln. Sein Sohn habe sich bisher gut geführt und »sich an der Tat wohl nur aus Verführung und Charakterschwäche und unter dem Zwang, in welchem er in kommunistischen Kreisen gestanden habe«, beteiligt.

Epsteins Verteidiger, Rechtsanwalt Kramer, reichte zwei Gnadengesuche ein, am 15. November 1934 und am 4. Januar 1935, und bat, die anerkannte Todesstrafe in eine lebenslängliche oder zeitige Zuchthausstrafe umzuwandeln. Eine Vollstreckung des Urteils stelle eine übermäßige Härte dar, da die Haupttäter in den früheren Verfahren rechtskräftig und unangreifbar zu außeror-

Hans Ziegler, 1933

dentlich milden Freiheitsstrafen verurteilt worden seien. Im übrigen sei der Verurteilte Epstein ein Mensch »von gering entwickelter Intelligenz, von sehr niedrigem Bildungsgrade, der seit langem an Tuberkulose erkrankt sei«.

Ziegler reichte selber ein Gnadengesuch ein, in dem er behauptete, sich vom Jahre 1930 an dem Nationalsozialismus zugewandt zu haben.

Für beide Verurteilte gemeinsam gingen weitere Eingaben ein. Ein Pfarrer im Ruhestand, Knote aus Heidelberg, bat, von der Vollstreckung abzusehen, »weil nach seiner Überzeugung die Vollstreckung des Urteils unberechenbaren Schaden für das Vaterland haben könne«.

»Im Namen von ›parteilosen rechtschaffenen Staatsbürgern‹« hatte ein ungenannter Verfasser aus Freiburg i. B. schon im Juni 1934 um Umwandlung der Todesurteile in mehrjährige Zuchthausstrafen gebeten mit der Begründung, »es handle sich nicht um einen Mord aus Gewinnsucht, sondern um einen ›politischen Parteienstreit mit tödlichem Ausgang‹«.

Der Strafanstalts-Oberdirektor des Strafgefängnisses Plötzensee hatte auf Veranlassung der Staatsanwaltschaft Äußerungen der zuständigen Anstaltsgeistlichen herbeigeführt.

Der Strafanstaltsrabbiner Dr. Joseph hat sich über Epstein geäußert, »daß dieser sich seelsorgerischen Einflüssen zugänglich erwiesen habe, daß er im Grunde seiner Seele naiv sei, daß man ihm nach seiner äußeren Erscheinung und inneren Beschaffenheit keinen Sinn und kein Verständnis für eine Gewalttätigkeit zutraue. Er bestreite die Tat nicht aus Furcht vor ihrer Folge, sondern weil er sich unschuldig fühle.« Das scheint die zutreffendste Bewertung zu sein.

Der Strafanstaltsrabbiner Dr. Joseph ...

Geboren am 25. Juni 1879 in Filehne (Provinz Posen, heute Polen), Absolvent des Rabbiner-Seminars in Berlin, Doktor der Philosophie und Religionslehrer an öffentlichen Berliner Schulen. Seit Ende des ersten Weltkriegs war Dr. Joseph der jüdische Gefängnisseelsorger in Berlin. Während jenes Krieges hatte er die in der Umgebung der Reichshauptstadt untergebrachten Juden unter den russischen Kriegsgefangenen betreut. Er sprach auch Jiddisch.

Als das Amt eines Gefängnisseelsorgers staatlich wurde, schied Dr. Joseph aus dem Dienst der jüdischen Gemeinde aus. Wahrscheinlich ist er der einzige jüdische preußische Staatsbeamte gewesen, der während der Naziherrschaft nicht aus seinem Staatsamt entfernt wurde. »Vermutlich ist er in den Jahren von 1933 an auch das einzige jüdische Mitglied des Nationalsozialistischen Beamtenbundes gewesen«, heißt es im »Gedenkbuch: Bewährung im Untergang«.

Wen schützt ein Staatsamt?

Dr. Joseph wurde deportiert.

Am 17. September 1943 ging er in Auschwitz zugrunde.

Was könnte berücksichtigt werden? Sally Epstein ist bisher nicht bestraft. Hans Ziegler ist dreizehnmal vorbestraft, wegen Hehlerei, Betrugs, Unterschlagung und mehrfachen Diebstahls in ununterbrochener Folge von 1918 bis 1928. Die Justiz sieht keine Gründe zur Begnadigung; weder in der Person, noch in der Tat. »Beide waren seit Jahren aktiv tätige Kommunisten, nicht bloße Mitläufer. Sie gehörten kommunistischen Terrororganisationen, zuerst dem RFB und sodann dessen Ersatz-Organisationen an. Epstein hatte sogar einen Funktionärsposten inne. Beide haben sich wiederholt im terroristischen Kampf gegen Nationalsozialisten betätigt ... Beide haben sich ohne Bedenken sofort dem verbrecherischen Plan Höhlers und Rückerts zur Verfügung gestellt und dadurch ihre absolut asoziale Einstellung zu erkennen gegeben. Die Tat selbst ist heimtückisch und mit größter Rohheit, ohne jede Spur von Menschlichkeit und Mitleid durchgeführt worden und trägt keinen Zug, der sie in milderem Lichte erscheinen lassen könnte.«

Doch nun kommt etwas Unerwartetes. »In völliger Übereinstimmung mit der einmütigen Auffassung des erkennenden Gerichts« wird eine Begnadigung der beiden zu lebenslangem Zuchthaus befürwortet.

Rabbiner Dr. Martin Joseph

Bestimmend dafür ist, daß Höhler, Rückert und die verurteilten Mittäter »zu unverhältnismäßig geringen Freiheitsstrafen verurteilt worden sind«. Epstein und Ziegler spielten bei der Begehung der Tat eine untergeordnete Rolle. »Es wäre menschlich unbefriedigend und müßte als ungerecht empfunden werden, Epstein und Ziegler das büßen zu lassen, was den Haupttätern gebührt hätte. Eine Vollstreckung der beiden Todesurteile könnte eine abschreckende Wirkung auch nicht mehr haben, da die Zeit kommunistischer Morde an Nationalsozialisten der Vergangenheit angehört.« Das sind damals kühne Worte eines hohen Justizbeamten, dessen Namen wir nicht kennen, die nicht an die Öffentlichkeit gelangten. »Ein Gefühl gerechter Sühne könnte im Falle einer Vollstreckung angesichts des früheren Urteils gegen die Haupttäter weder bei den jetzt Verurteilten noch bei Dritten obwalten. Die Vollstreckung der Urteile könnte unter diesen Umständen wohl leicht das Gefühl einer späten und unbefriedigenden Vergeltung aufkommen lassen.«

Aber auch andere haben sich gemeldet. »Der SA-Oberführer Fiedler,«, er ist uns als Horst Wessels Gefährte bekannt, »der SA-Standartenführer Markus und der SA-Truppführer Friedrich haben als gute Freunde und Mitkämpfer Horst Wessels gebeten, im Falle einer Vollstrekkung der Todesurteile der Vollstreckung beiwohnen zu dürfen.«

Wenn das Schule macht ...

Aber noch ist, im Jahre 1935, weder an Fiedlers späteres Wirken in Litzmannstadt noch an Auschwitz zu denken.

Daher verwirrt solches Ansinnen sogar die Justiz.

Aber die neuen Führer haben uneingeschränkte Macht. Also: »Ich bitte daher für den Fall«, fragt der hohe Beamte, »daß ein Gnadenerweis nicht erteilt werden sollte, um Anweisung, ob ich den vorgenannten SA-Führern Zutritt zu der Hinrichtung der Verurteilten gestatten darf.«

Ein weiteres Gnadengesuch

Die »Deutsche Allgemeine Zeitung« hatte Anfang November festgestellt: »In dem Umfang, in dem Meinungen und Urteile aus der Presse verschwinden, verschwindet der deutsche Zeitungsleser.« Das zitiert »Blick in die Zeit« gern. Unter den »Politischen Kurzberichten« am 10. November: »Das Reichsgericht hat die Revision der im zweiten Horst-Wessel-Prozeß ... wegen Mordes zum Tode verurteilten Sally Epstein und Hans Ziegler ... als unbegründet verworfen. Die Todesurteile sind damit rechtskräftig geworden.« Nur Meinung und Urteil der deutschen Presse zu diesem Urteil fehlt.

Unmittelbar nachdem er von der abgelehnten Revision der Urteile erfahren hatte, schrieb Dr. Alfred Apfel aus Paris, wo er als Emigrant im Hotel »Ansonia« wohnte, einen Brief nach Berlin. »Einschreiben. Persönlich.« Höhlers Verteidiger wandte sich an den preußischen Ministerpräsidenten Hermann Göring.

Alfred Apfel, Jahrgang 1882, hatte sich als Rechtsanwalt und Notar in Berlin niedergelassen. Sein juristisches und politisches Engagement im Jahrzehnt vor 1933 war das eines Verteidigers der Weimarer Demokratie. Der parteilose Alfred Apfel unterstützte die »Rote Hilfe Deutschlands«, die überparteiliche, von der KPD beeinflußte Solidaritätsorganisation, in vielen Prozessen. Er war im Ausschuß, der die Vorgänge am 1. Mai 1929, dem sogenannten »Blutmai«, in Berlin untersuchte. Für die Broschüre »Abtreibung oder Verhütung«, deren Umschlag Käthe Kollwitz gestaltete, schrieb der Anwalt das Nach-

Dr. Alfred Apfel

wort. Unter dem Titel »Justiz fürs Museum« verfaßte Apfel einen Artikel gegen Verbote und Zensur, der in der »Weltbühne« erschien, die der Anwalt in manchem Prozeß vertreten hatte. Darunter mehrfach ihren Chefredakteur Carl v. Ossietzky.

1933 trafen sich beide im Zuchthaus Sonnenburg (bei Küstrin). 1932 hatte Dr. Apfel zusammen mit vielen anderen Berliner Freunden den Publizisten beim Antritt seiner Gefängnisstrafe vor die Haftanstalt Berlin-Tegel begleitet. 1925 setzte sich Apfel auch publizistisch für Johannes R. Becher ein, der wegen seines Antikriegsromans »Levisite« angeklagt worden war. Er vertrat Berthold Jacob (Salomon), Friedrich Wolf und manchen anderen, dessen Name uns nichts mehr sagt. Apfel war im Hauptvorstand des Centralvereins deutscher Staatsbürger jüdischen Glaubens – ein anerkennenswertes, aktives Leben im Interesse der Humanität.

Nach seiner Entlassung aus der Schutzhaft im März 1933 gelang Dr. Apfel die Flucht nach Paris, wo er sich für die Freilassung Ossietzkys einsetzte. 1934 erschien in französischer Sprache sein Buch »Hinter den Kulissen der deutschen Justiz«, das 1935 auch in London verlegt wurde. Im Vorwort schreibt Dr. Alfred Apfel: »Ich habe Wert darauf gelegt, an Hand des Berichts über politische Prozesse, die meine Laufbahn begleitet haben, nachzuweisen, wie die deutsche Justiz die Demokratie erdolcht und dem Hitlerismus den Weg eröffnet hat.« Alle Anhänger liberaler Ideen will er »ermutigen, die politische Justiz ihrer Länder ernsthaft zu kontrollieren«. Hat sich bislang kein deutscher Verlag für eine Ausgabe gefunden?

1940, als die deutschen Truppen Frankreich besetzten, fuhr Dr. Alfred Apfel nach Marseille, um mit dem Visum, das ihm nach langem Bemühen erteilt worden war, in die USA auszureisen. Am 19. oder 20. Juni erlag der 58jährige in Marseille den mit solcher Auswanderung verbundenen Anstrengungen.

Nachdem er im Exil durch die Presse erfahren hatte, die Todesurteile seien rechtskräftig geworden, schrieb der Anwalt an den Ministerpräsidenten Göring: »Ich bitte Sie, die Todesurteile nicht vollstrecken zu lassen, sondern von Ihrem Gnadenrecht Gebrauch zu machen. Ich habe seinerzeit den inzwischen verstorbenen Ali Höhler, der den Schuß auf Horst Wessel abgegeben hat, verteidigt. In einer sehr sorgfältig und objektiv durchgeführten Verhandlung ist mein Mandant zu einer Zuchthausstrafe von sechs Jahren wegen Totschlags verurteilt worden.« Dr. Apfel hat den zusätzlichen Monat Zuchthaus nicht vergessen. Höhler bekam wegen unerlaubten Waffenbesitzes vier Monate Gefängnis, die zu einem Monat Zuchthaus umgerechnet worden waren, aber in diesem Brief an Göring keine Rolle spielten. Der Hauptangeklagte hatte eine Freiheitsstrafe bekommen, aber kein Todesurteil. »Über die zahlreichen Mitangeklagten wurden kürzere Freiheitsstrafen verhängt.«

Und Epstein und Ziegler? »Ich kenne die beiden neuerdings Verurteilten nicht, aber aus meiner genauen Kenntnis der Sachlage kann ich auf das bestimmteste versichern, daß sie mit der Tötung nichts zu tun hatten.«

Das ist der endgültige Beweis dafür, daß die jetzt Verurteilten tatsächlich 1930 nicht vor Gericht gestanden hatten, nicht einmal als Zeuge.

Apfel: »In der ganzen Rechtsgeschichte ist es wohl kaum vorgekommen, daß mehrere Jahre nach der Tat und nach beendetem Prozeß nachträglich gegen angeblich Beteiligte ein Verfahren wegen *Mordes* durchgeführt wird, nachdem der Haupttäter, der, wie unbestritten feststeht, den Schuß allein abgegeben hat, nur wegen *Totschlags* verurteilt worden ist.« Aber nun kommt es vor, und die Rechtsgeschichte wird darauf verweisen müssen.

»Selbst wenn man Verständnis dafür aufbringen wollte – was ich als Gegner der von Ihnen repräsentierten Politik nicht zu tun vermag –, daß Erwägungen politischer Art derart nachträgliche rechtliche Konstruktionen zulässig erscheinen lassen, wird man anerkennen müssen, daß es keinen Fall gibt, *in dem in Hinblick auf die ungleiche Behandlung der Mittäter die Ausübung des Gnadenrechts selbstverständlicher erscheint.* Ich bin überzeugt, daß viele Mitglieder der nationalsozialistischen Partei dafür Verständnis haben, daß die beiden zum Tode Verurteilten angesichts der besonderen Umstände des Falles nicht hingerichtet werden.

Da ich nicht weiß, ob sonst jemand für die beiden Verurteilten eintritt, halte ich mich aus rein menschlichen Erwägungen dazu verpflichtet, diesen Appell an Sie zu richten, da Sie nach den heutigen Bestimmungen über Leben und Tod der beiden zu entscheiden haben.

Dr. Alfred Apfel«

Es ist unbekannt, ob dieser Brief beantwortet wurde. Ein jüdischer Anwalt scheint ebenso unerwünscht wie einst der jüdische Arzt.

»Eilt sehr! Geheim! Persönlich!« werden dem Generalstaatsanwalt beim Landgericht Berlin Akten und Unterlagen zugestellt.

Hatte nicht der Vorsitzende des Schwurgerichts »die Möglichkeit einer Begnadigung nicht für ausgeschlossen gehalten«, weil der nationalsozialistische Staat »seit langem in sich und gegenüber seinen Feinden, insbesondere auch gegenüber den Anhängern kommunistischer Ideen, so gefestigt sei ...«? Der Referent dieses Textes, der dem Justizminister vier Entwürfe für die zu treffende Entscheidung unterbreitet, unterstützt diese Befürwortung »wegen des Mißverhältnisses, ... das zwischen der Vollstreckung der Todesstrafe und den Strafen nicht nur der Haupttäter, sondern auch der nur mit fristigem Gefängnis bestraften Personen bestehen würde, die – wie Ziegler und Epstein – während der Ausführung des Mordes auf der Straße Posten gestanden hätten«. Das ist die vernünftige und die menschliche Ansicht. Aber danach geht es selten.

Schon im nächsten Absatz heißt es, daß sich Staatssekretär Dr. Freisler – fängt er so früh an mit seinen Hinrichtungen? – und der zuständige Abteilungsleiter für die Vollstreckung der Todesstrafen ausgesprochen haben. Durch diese Vorgesetzten ändert sich die Meinung des Referenten: »In Übereinstimmung mit ihnen empfehle ich, von dem Begnadigungsrecht keinen Gebrauch zu machen, sondern der Gerechtigkeit freien Lauf zu lassen.«

Die Gründe sind die alten. 1930 waren nur die Rollen verschieden verteilt. 1934 hat das Schwurgericht das bestätigt und stellte ferner fest, »daß der Anschlag auf die gewaltsame Beseitigung des Sturmführers Wessel abzielte«. Es ist auch nur noch von »Mord« statt Totschlag die Rede. Da weicht die Wertung der Tat von dem Schwurgerichtsurteil von 1930 ab. Das aber war »offensichtlich ein Fehlspruch«. Mit welcher Sorgfalt das Gericht 1934 den Sachverhalt gewürdigt hat, ergibt sich daraus, daß es bei Stoll nur »Beihilfe zum Mord« festgestellt hat – und ihm mehr Jahre zusprach, als einst Höhler bekommen hatte. Stoll befand sich noch nicht lange in Berlin und war nicht in Einzelheiten eingeweiht. Aber er hatte »bei der Ausführung der Tat dadurch erheblich mitgewirkt, daß er an einer besonders wichtigen Straßenkreuzung auf Anordnung des Max Jambrowski Posten stand, um im Falle aufziehender Gefahr durch Pfeifen die Komplizen zu warnen«. Er ist als Gehilfe strafbar. Seine Hilfeleistung »bezog sich auf die ausgeführte Tat, also auf den von Ziegler und Epstein (in Gemeinschaft mit Höhler und seinen Genossen) begangenen Mord«. Mord ...!

Man gibt sich große Mühe. Da diese vielen Worte bisher nie veröffentlicht worden sind, und 1935 schon gar nicht, für wen sind sie bestimmt?

Da den Verurteilten weder nach dem »mit großer Übermacht heimtückisch ausgeführten Mordanschlag noch nach dem Tatmotiv – sie haben lediglich aus Haß gehandelt – Milderungsgründe« zustehen, bleibt zu beantworten, ob wegen der Auswirkung des Fehlspruchs von 1930 von der Vollstreckung der Todesstrafe abgesehen werden sollte. »Ich verneine diese Frage«, schreibt der Beamte, der diesen Vorgang dem Reichsjustizminister vorlegt.

Nun folgt ein handschriftlich geänderter und ergänzter Satz, der zunächst lautete: »Von den damals verurteilten Tätern sind Höhler und die Cohn –«, das ist Else Cohn, die verschwunden zu sein schien. Aber nun: »Von den damals verurteilten Tätern sind Höhler und die Cohn später erschossen worden.« Aber wie und wo und wann Else Cohn (»Jüdin wies Wessels Mördern den Weg«) ums Leben kam, bleibt unbekannt.

Es würde uns ihr Schicksal schon interessieren.

Bei den übrigen Haupttätern kann, soweit die Voraussetzungen gegeben sind, durch »Sicherheitsverwahrung eine weitere Freiheitsentziehung erreicht werden. Hierdurch kann das erhebliche Mißverhältnis zwischen den erkannten Strafen im Ergebnis als im wesentlichen ausgeglichen angesehen werden.« Das ist die zweite, nachträgliche Verurteilung.

Nicht nur in diesen Fällen. Hatte es nicht immer so ausgesehen, als hätte sich die Geheime Staatspolizei die Leute nach Verbüßung ihrer Strafe gegriffen und in ein Konzentrationslager gesteckt? Hier aber steht es deutlich. Bereits die einbezogene Nazi-Justiz regelte die Zukunft. Also sind Rückert, Kandulski, Max Jambrowski und Elisabeth Salm nicht willkürlich durch Racheakte des SA-Sturms »Horst Wessel« festgenommen und in Konzentrationslager geschafft worden, sondern durch richterliche Empfehlung und Weisung.

Da die anderen der weiteren Freiheitsentziehung unterliegen, sieht der Referent »keinen hinreichenden Anlaß, nur mit Rücksicht auf das fehlsame Urteil aus dem Jahre 1930, die Verurteilten Epstein und Ziegler vor der wohlverdienten Todesstrafe zu bewahren«.

Schließlich werden dem Staatsoberhaupt zwei Papiere vorgelegt, die der Reichs- und Preußische Justizminister Dr. Gürtner unterzeichnet hatte.

Hitler höchstselbst mit eigenhändiger Unterschrift, Vor- und Zuname, unterzeichnet, daß er von dem Begnadigungsrecht keinen Gebrauch zu machen beschlossen hat. Das klingt, als habe er lange darüber nachgedacht. »Sondern der Gerechtigkeit freien Lauf zu lassen ...« Über Gerechtigkeit wollen wir gar nicht erst streiten, sondern eher dieses Hitler-Dokument betrachten. Später nahm er sich wegen der massenhaften Todesurteile solche Zeit nicht mehr.

Jn der Strafsache gegen den durch rechtskräftiges Urteil des Schwurgerichts II bei dem Landgericht Berlin vom 15. Juni 1934 wegen Mordes zum Tode und zum dauernden Verlust der bürgerlichen Ehrenrechte verurteilten

Sally E p s t e i n

habe ich beschlossen, von dem Begnadigungsrecht keinen Gebrauch zu machen, sondern der Gerechtigkeit freien Lauf zu lassen.

B e r l i n , den 28. M ä r z 1935.

Der Führer und Reichskanzler.

Der Reichs- und Preußische Justizminister.

Dr. Gürtner

III g 5. 1186 d/34.

Mit größter Beschleunigung

»Mit größter Beschleunigung wegen Vollstreckung des Urteils« soll das Erforderliche veranlaßt werden.

Die Vornahme der Hinrichtungen ist dem Scharfrichter Karl Gröpler aus Magdeburg zu übertragen, »mit dem zweckmäßig unmittelbar (nicht durch Vermittlung des Oberstaatsanwalts in Magdeburg) in Verbindung zu treten ist. Es ist dabei Vorsorge zu treffen, daß Schreiben an Gröpler äußerlich nicht als amtliche Schreiben kenntlich sind; auch ist die Bezeichnung ›Scharfrichter‹ in der Anschrift zu vermeiden.« Deutsche Gründlichkeit vermischt mit deutscher Diskretion.

Zeitpunkt? Jeder Verurteilte erfährt nur seinen, den des anderen nicht.

»Wegen der Freigabe der Körper an das anatomisch-biologische Institut der Universität in Berlin ...«

Ja, dessen Arbeiten müssen unterstützt werden. Nach Möglichkeit. »Dem Institut ist in der unmittelbaren Nachbarschaft der Richtstätte ein geeigneter, gut belichteter Raum mit den erforderlichen Gerätschaften zur Verfügung zu stellen, in dem die beteiligten Herren ihre Arbeiten ungestört verrichten können. Ferner muß Vorsorge getroffen werden, daß der Leichnam unmittelbar nach der Hinrichtung mit größter Beschleunigung in diesen Raum verbracht und dem Beauftragten des Institutes übergeben wird. Auf die Schnelligkeit, mit der dies geschieht, kommt es für den Wert der angestellten Versuche und der zu entnehmenden Präparate in hohem Grade an.«

Hinter den Kulissen einer deutschen Hinrichtung.

Noch ist die Weimarer Gesetzlichkeit nicht ganz ausgelöscht. Noch gelten bestimmte Vorschriften.

Mitten im Zweiten Weltkrieg fing man im Zuchthaus Brandenburg sofort das Blut Hingerichteter, wie z. B. Anton Saefkows, auf, um es als Konserve zu verwenden. So bekam mancher deutsche Verwundete kommunistisches Blut, falls man sich der Auffassung anschließt, Blut spiele die ihm von den nazistischen Ideologen zugedachte Rolle.

»Es ist darauf zu achten, daß der Kreis der Personen, die von der Verwendung des Leichnams zu wissenschaftlichen Zwecken Kenntnis erlangen, nach Möglichkeit eingeschränkt wird, um Erörterungen darüber in der – Öffentlichkeit zu vermeiden.« Eine alte deutsche Krankheit: die Angst vor der Öffentlichkeit; selbst wenn sie so gelähmt worden war wie unter Hitler.

»Die beteiligten Herren des anatomisch-biologischen Instituts sind über die Notwendigkeit strengster Verschwiegenheit über die Vorbereitungen zu und den Hergang bei der Hinrichtung unterrichtet; sie sind angewiesen, auch die besonderen Mitarbeiter, die sie im Einzelfall heranziehen, auf diese Notwendigkeit ausdrücklich hinzuweisen.«

Das Institut wird rechtzeitig unterrichtet, damit am Tag vor der Hinrichtung die erforderlichen Vorbereitungen getroffen werden können.

So ist das Brauch in zivilisierten Ländern. Gewesen.

Ziegler nützt der medizinischen Wissenschaft. Den armen Epstein rettet vor weiterer Verwendung der handschriftliche Zusatz: »Die Herausgabe des Körpers des Verurteilteilten Epstein an seine Angehörigen«. Dafür hat Rosa Lutter gesorgt.

Wenn aber der arme Epstein keine Mutter gehabt hätte, die um seinen Leichnam kämpfte?

Hat man ihn dennoch »zur Vornahme von Versuchen und zur Entnahme von Präparaten für Lehr- und Forschungszwecke« genutzt? Wäre den eingeladenen Wissenschaftlern mitgeteilt worden, zunächst käme ein Jude, an dem sie besondere Eigenschaften feststellen könnten? Oder hätten sie, uninformiert, Versuche unternommen und fatalerweise festgestellt, alle Menschen sind gleich; zumindest, wenn sie tot sind?

»Auf die Geheimhaltung aller Vorbereitungen zu den Hinrichtungen ist in besonderem Maße Bedacht zu nehmen.« Nur Deckworte am Telefon und im Telegramm.

Noch war eine als überflüssig empfundene Regelung in Kraft. Staatsakte wie dieser unterlagen einem Kontrollrecht der Bürger. Also ist dem Gemeindevorstand mitzuteilen, daß »die Abordnung der zwölf Gemeindemitglieder, die der früheren liberalistischen Staatsauffassung von einem Kontrollrecht der Bürger [entspricht,] im jetzigen autoritären Staat unerwünscht sei«. Wer meldet sich da noch als Staatsbürger? Falls dennoch ein Gemeindemitglied dabeisein möchte, ist »telefonisch mit Deckworten zu berichten«. Das war dann wohl doch nicht der Fall.

Handschriftlicher Zusatz: »Die SA-Führer, die [um] die Erlaubnis zur Teilnahme an der Hinrichtung nachgesucht haben«, dürfen nicht dabeisein. Was für eine Enttäuschung für Richard Fiedler und seine Kumpane.

»Die öffentliche Bekanntmachung der Vollstreckung ist als ›Bekanntmachung‹ zu bezeichnen.« Ihr Inhalt »ist in gemeinverständlicher Sprache unter Vermeidung aller juristischen Kunstausdrücke abzufassen«.

Die Angabe des Berufes der Hingerichteten ist »zu vermeiden«. Wem hätte es geschadet zu erfahren, daß Hans Ziegler Friseur war und Sally Epstein Maler? Dem Ansehen des ungelernten Anstreichers Hitler, der sich zu dieser Zeit bereits »Mein Führer« anreden ließ?

Die Bekanntmachung ist auf die Angabe zu beschränken, daß die Genannten durch rechtskräftiges Urteil »wegen gemeinschaftlichen Mordes, begangen zu Berlin am 14. Januar 1930 an dem SA-Sturmführer Horst Wessel zum Tode verurteilt sind«.

Wer das in seiner Zeitung las oder als Anschlag an der Litfaßsäule, mußte er nicht glauben, man hätte schließlich die eigentlichen Mörder gefaßt und zur Rechenschaft gezogen? Wie sollten Schulkinder es da besser wissen? Man sang allerorten Wessels »Die Fahne hoch!«, da war solche Hinrichtung nur das Ausrufezeichen.

Berlin-Plötzensee, 10. April 1935

Am Abend des 9. April um 19 Uhr begeben sich der Oberstaatsanwalt, ein Justizoberinspektor, der Strafanstaltsmedizinalrat und ein Gerichtsassessor in das Strafgefängnis Plötzensee, wo ihnen um 19.10 Uhr der Verurteilte Sally Epstein vorgeführt wird.

Zunächst wird ihm vom Oberstaatsanwalt die Formel des Urteils des Schwurgerichts II beim Landgericht Berlin vom 15. Juni 1934 durch Verlesen verkündet – hört er überhaupt den Wortlaut? – und sodann der Erlaß des Führers und Reichskanzlers vom 23. März, der Epstein auch vorgelegt wird. Sieht er mit zitternden Händen überhaupt auf das Blatt?

»Hierauf wurde dem Verurteilten eröffnet, daß die Vollstreckung des Urteils am nächsten Tage, dem 10. April 1935 um 6 Uhr, in dem Hofraum des Strafgefängnisses Plötzensee durch Enthauptung erfolgen werde.

Auf die Frage, ob er noch etwas anzuführen oder einen Wunsch zu äußern habe, erklärte der innerlich erregte und körperlich zusammengebrochene Verurteilte:

›Ich möchte noch meine Mutter sprechen.‹«

Damit meinte er Rosa Lutter.

»Es wurde ihm eröffnet, daß diesem Wunsche nicht entsprochen werden könne, da ein Besuch sowohl für ihn selbst als für die Angehörigen nur eine Qual bedeuten würde.« Womit sie Recht haben, die Beamten, denen diese Aufgabe unangenehm ist, wie wir hoffen wollen.

»Der Bitte um geistlichen Zuspruch wurde entsprochen.«

Und nun kommt eine lange oder kurze Nacht. Knappe elf Stunden Leben für den Achtundzwanzigjährigen.

Er kennt, wie nur ganz wenige Menschen, das Datum seines Todestages. Aber ob ihm das Trost bedeutet?

An diesem Tag ist es im ganzen Reich überwiegend bewölkt, ziemlich mild, vielfach noch leichte Niederschläge. In Berlin und seiner weiteren Umgebung: bewölkt bis bedeckt, nur noch vereinzelt leichte Niederschläge, zeitweise auffrischende südwestliche Winde.

Aber das kümmert Epstein nicht mehr.

Als er knapp zwei Minuten nach 6 Uhr tot ist, beginnt in Deutschland ein großer Tag: Hermann Göring, der preußische Ministerpräsident und Inhaber weiterer Ämter, heiratet die Staatsschauspielerin Emmy Sonnemann. (Sonnemann, wie versichert wurde, ist kein jüdischer Name.) Hitler ist im Berliner Rathaus, dem Roten Rathaus, bei der standesamtlichen Trauung als Trauzeuge zugegen. Wer uns getraut. Er kommt sogar mit in den Dom, ist auch dort Trauzeuge bei der kirchlichen Trauung. (Dem Volke muß die Religion erhalten bleiben.) Er weiß nicht und hat es wohl auch nie erfahren, daß der Verurteilte Ziegler kurz vor seiner Enthauptung gerufen hat: »Heil, mein Führer!« Wobei wir uns nicht lange damit aufhalten wollen, ob es aus Protest oder aus Liebe geschah.

Da Göring seiner Angetrauten ein Diadem mit 35 Brillanten schenkte, was aus sicherer Ferne eine Zeitung fragen ließ: »Wo hat Göring das viele Geld her?«, sahen andere darin den Kaufpreis dafür, daß sie ihn überhaupt genommen hatte. Jedoch er lohnte wohl, der zweite Mann des Reiches.

Im Berliner Theater am Horst-Wessel-Platz – so heißt die Volksbühne mittlerweile, denn manchmal stört das Wort »Volk« – wird das »Volksstück« mit dem Titel »Der goldene Kranz« uraufgeführt. Nach dem fragt heute auch niemand mehr. Der Bülowplatz war längst nach Horst Wessel benannt.

Im Deutschen Reich werden wieder drei Zeitungen verboten.

Sie sind alle beizeiten aufgestanden. Um 5 Uhr 58 Minuten wurde der zur Vollstreckung des Urteils bestimmte Raum betreten. Der Richtblock mit der Bank war in einem umschlossenen Raum auf dem Hofe des Gefängnisses III hinter dem C-Flügel aufgestellt. Nicht zum ersten Male. Hier war am 14. Juni des Vorjahres der Arbeiter Richard Hüttig als erster aus politischen Gründen hingerichtet worden. Das Gericht war nicht zu der Überzeugung gelangt, daß er den tödlichen Schuß auf einen SA-Mann abgegeben hatte ...

Man sagt, die SA hätte nach der Hinrichtung die Leiche Hüttigs durch Charlottenburg gefahren.

Epstein wurde unerkannt und leise durch Berlin gefahren. Dafür steht er auch nicht im »Ehrenbuch der Opfer von Berlin-Plötzensee«. Epstein gehört auch nicht zu den »1 574 Frauen und Männern, die wegen ihrer politischen oder weltanschaulichen Einstellung und wegen ihres mutigen Widerstands gegen das faschistische Barbarentum in der Strafanstalt Berlin-Plötzensee von 1933 bis 1945 hingerichtet wurden«, wie es im 1974 erschienenen Buche heißt. Der arme Epstein auch hier. Eine Art Verbrecher zum Verschweigen ...

Sally Epstein

Um 5 Uhr 58 standen alle bereit. Der Scharfrichter meldete sich beim Oberstaatsanwalt, der ihm den Auftrag zur Vollstreckung übergab. Sodann nahm der Scharfrichter mit drei Gehilfen vor dem Richtblock Aufstellung.

»Ein schwarz behangener Tisch, auf dem lediglich während des Vollstreckungsaktes gegen Ziegler ein Kruzifix und zwei brennende Kerzen zur Aufstellung gelangten, war auf der dem Richtblock entgegengesetzten Seite hergerichtet.«

Bei Sally Epstein nur Teilnehmer vom Landgericht, von der Staatsanwaltschaft, von der Gefängnisverwaltung und sein Anwalt.

»Punkt sechs Uhr wurde der Verurteilte Epstein, die Hände auf dem Rücken gefesselt, durch zwei Strafanstaltsoberwachtmeister und ohne Begleitung des Strafanstaltsgeistlichen herausgeführt und dem unterzeichneten Oberstaatsanwalt vorgeführt. Gleichzeitig ertönte das am Hauptverwaltungsgebäude angebrachte Armesünderglöckchen, das bis zur Beendigung der Hinrichtung geläutet wurde.«

Der Oberstaatsanwalt verkündete »nochmals durch Verlesen«, was der arme Mensch längst am Vorabend vernommen hatte, auch wurde ihm wiederum der Erlaß des Führers und Reichskanzlers vorgelegt. »Während der Verkündung machte der Verurteilte einen gebrochenen Eindruck und äußerte zweimal: ›Ich bin unschuldig‹«.

So hat er seine letzten Worte hinterlassen.

Schuldig des Mitgehens, unschuldig an der Tat.

»Nach erfolgter Verkündung wurde dem Scharfrichter Gröpler der Auftrag der Vollstreckung des Urteils erteilt. Von diesem Augenblick an traten die Gehilfen des Scharfrichters an die Stelle der beiden Strafanstaltsoberwachtmeister.

Die Haltung des Epstein war gefaßt und ruhig. Er ging unter Führung des Scharfrichters zur Richtbank, auf welche er nach Entblößung der Schultern ohne Widerstreben gelegt wurde. In demselben Augenblick wurde der über den Block gedrückte Kopf mittels eines einzigen Schlages durch den Scharfrichter vom Rumpfe getrennt. Der Leichnam wurde sofort durch die Gehilfen des Scharfrichters in den bis dahin verborgen gehaltenen Sarg gelegt und sodann dem Beauftragten des anatomisch-biologischen Instituts der Universität Berlin übergeben.

Die ganze Handlung dauerte:

a) vom Zeitpunkt der Vorführung bis zur vollendeten Verkündung 55 Sekunden

b) von der Übergabe an den Scharfrichter bis zur Vollstreckung 10 Sekunden.«

Danach kam die Reihe an Ziegler. »Der gesamte Vollstreckungsakt war um 6 Uhr 6 Minuten 6 Sekunden beendet.«

Rosa Lutter: »Am 10. April 1935 hatte ich um neun Uhr früh ihre verfluchte Antwort in den Händen, daß unser Junge hingerichtet war ...«

Rosa Lutter hatte erreicht, daß ihr die Leiche ausgehändigt werden durfte. Anderntags. Zur Bestattung auf eigene Kosten. Aber wo? Selbstverständlich mußte ihr Sally auf dem Jüdischen Friedhof in Berlin-Weißensee begraben werden.

»Aber die Jüdische Gemeinde sträubte sich, unseren Jungen auf ihrem Friedhof zu beerdigen.« Schließlich war er Kommunist gewesen und der Berliner Gemeinde nie beigetreten. War wohl nirgends zum Gottesdienst erschienen, hatte keinerlei Regeln eingehalten, auch nicht in der Heimatgemeinde, und auf seinem Totenschein stand »Dissident«, was nicht nur »religionslos« bedeutet, sondern sogar »abgesondert«.

Innerhalb von 24 Stunden aber mußte Rosa Lutter die Leiche in Plötzensee abgeholt haben. »Es begann ein Hetzen und Jagen, denn zur Verbrennung bekam ich die Leiche nicht frei.«

Später änderte sich das. Da wurde den Angehörigen eine Urne übersandt aus dem einen oder anderen Konzentrationslager.

An diesem 10. April eilte Rosa Lutter zu mehreren Stellen der Berliner Jüdischen Gemeinde. Dort hatte man längst andere, ungewohnte Sorgen, mit denen eine alteingesessene Gemeinde nie gerechnet haben konnte. Erst später, im Jahre 1935, kam die Judengesetzgebung; aber vorauszuspüren war sie seit jenem Boykott vom 1. April 1933.

Jedenfalls fand Rosa Lutter kein Gehör und bekam keine Genehmigung für die Beisetzung auf dem Friedhof in der Lothringenstraße, die später nach dem jüdischen

Widerstandskämpfer Herbert Baum benannt wurde, der sich außerdem als Kommunist bekannt hatte ...

Vorstellbar, nein, wohl nicht, dieser 10. April. Da fährt sie von Stelle zu Stelle, ist nirgends die richtige Mutter, sondern muß immer beweisen, daß sie die Angehörige ist, die amtlich bestätigte. Sie hat nur diesen einen Tag für ihren Sally. Diesen Mittwoch. Hätte man den armen Epstein an einem Freitag hingerichtet, wären Rosa Lutters Bemühungen vergebens gewesen. Sie hätte ihn nie anderntags, am Sabbat, in jüdisch geweihter Erde begraben lassen können. Sally läge städtisch beigesetzt nicht dort, wohin sie ihn haben wollte.

Rosa Lutters »letzte Rettung war Dr. Rosenberg«, der sich heutzutage wegen seines häufigen Namens nicht näher ausfindig machen ließ. Er fuhr »dann noch abends um zehn Uhr mit mir nach Halensee. Erst nachts um elf hatte ich mir beim Obersten der Gemeinde, Dr. Fuchs, einen Platz erkämpft.«

Er war gar nicht der Oberste der Gemeinde, der 61jährige Fabrikbesitzer Carl Fuchs, der in der Westfälischen Straße 59 in Berlin-Halensee wohnte. Er war Gemeindevorsteher und im Vorstand der Berliner Jüdischen Gemeinde zuständig für das Friedhofs- und Finanzdezernat. (Im Zuge der Deportationen hat man ihn nach Theresienstadt verschleppt, wo er am 13. Dezember 1943 starb ...) Ehre seinem Andenken auch deshalb, weil er in jener Nacht einer ihm unbekannten Frau nichtjüdischen Glaubens genehmigte, ihren zwar jüdischen, aber sozusagen ungläubigen und überhaupt nicht leiblichen Sohn auf dem Jüdischen Friedhof in Berlin-Weißensee beisetzen zu lassen.

Einen Stein auf das uns unbekannte, gewiß nicht vorhandene Grab von Carl Fuchs.

Ohne seine Zustimmung hätte Sally Epstein heute kein erkennbares Grab. Er wäre irgendwo beigesetzt worden, sein Grab längst neu belegt ...

Oder?

Da die Lutters im Bereich der Friedhöfe St. Nikolai/St. Marien wohnten und auch 1958 Richard Lutters Urne dort beerdigt wurde, hätte Rosa Lutter vermutlich durchgesetzt, daß ihr Sally dort seine letzte Ruhe fand. Nicht gerade in der Nähe Horst Wessels, aber doch nicht unweit entfernt.

Gut, daß es anders kam.

Wer durfte auf den jüdischen Gemeindefriedhöfen beerdigt werden? »In Ausnahmefällen mit Genehmigung des Vorsitzenden der Friedhofskommission auswärts verstorbene jüdische Personen, auch wenn sie nicht der hiesigen Jüdischen Gemeinde als Mitglied angehört haben.«

Der arme Epstein war nicht »auswärts verstorben«, er fiel auch nicht unter die 1) bis 5) zulässigen Verstorbenen. Da hat der Vorsitzende der Friedhofskommission erkannt, daß ein Sonderfall eine Sonderausnahme bedingt, und hat so entschieden in jener Nacht. Carl Fuchs! Sein Name soll genannt werden.

So fuhr Rosa Lutter früh am 11. April 1935, in der Gewißheit, für alles gesorgt zu haben, nach Plötzensee, »um mir meinen Jungen zu holen. Der Chauffeur Georg Arndt« (er wohnte nahebei, man kannte sich) »nahm mich, mit Erlaubnis der beiden Kriminalbeamten, die auf dem Leichenauto saßen, auch mit«. Es waren zwei Herren von der Gestapo, was Rosa Lutter nicht erkannte und auch nicht gesagt bekam.

Carl Fuchs in seinem Arbeitszimmer, 1934

»Wir fuhren über die Oranienburger Straße, wo das Auto vor dem Tempel« – damit ist der Prachtbau der Neuen Synagoge gemeint, eine der Berliner Sehenswürdigkeiten – »kurz hielt, genauso an der Linien-/Ecke Dragonerstraße«, also dort, wo die Familie Lutter wohnte und Sally Epstein zu Hause war, »wie es der jüdische Glaube vorsieht.«

Er tut es nicht in jedem Falle. Zwar führte der Weg zum Friedhof, dem Guten Ort, oft an der Synagoge vorbei, früher, in den strenggläubigen Gemeinden im Osten. Sally Epstein stammt zwar aus dem Osten, war aber kein frommer Jude. Und das Wohnhaus, von dem eigentlich der Trauerzug seinen Anfang nehmen sollte – Rosa Lutter weiß ungewöhnlich gut Bescheid über Rituale. Sie wird sich erkundigt haben und wundert sich nicht. Was Sally zusteht an letzter Ehre, das wird dargebracht. Nur geringe Umwege von Plötzensee zur Oranienburger Straße und von dort durch die Linienstraße, und schließlich durch die Greifswalder Straße nach Weißensee. Woran Rosa Lutter dabei überhaupt nicht denkt, denn sie ordnet an, durch welche Straßen das Leichenauto fährt und wo es anhält: Sie veranlaßt die Gestapo zur Ehrenbezeugung! Und das ist allerhand!

Auch die Genehmigung, einen Grabstein zu setzen, wurde ihr erteilt.

»Mutterseelenallein habe ich meinem Jungen das letzte Geleit gegeben. Nur der Kantor Lewy hat die Rede auf Hebräisch gehalten.« Er hat das Totengebet gesprochen.

Jüdischer Friedhof Berlin-Weißensee

Karteikarte für Sally Epstein

geb. 3. Feb. 1907 in Jastrow
verst. 10. April 1935 Strafanstalt Plötzensee, Hinrichtung
Wohnung, Dragonerstr. 4
keine Angehörigen bei der Beisetzung
Beisetzung hat bestellt Frau Lutter (Pflegemutter, Christin), gleiche Adresse wie Epstein.
Vater soll im Ausland leben
Beisetzung [fand wohl ohne Rabbiner statt, da nur Beerdigungsgebühren von 175,– Reichsmark erhoben wurden]
Beigesetzt Donnerstag 11. 4. 1935 um 11 Uhr.

Rosa Lutter in ihren Aufzeichnungen: »Wir haben es uns viel kosten lassen an Geld sowie an Liebe, um unseren Jungen vor dem Schlimmsten zu bewahren; wir kannten keine Furcht, denn wir mußten ja täglich damit rechnen, verhaftet zu werden. Man hat meinem Mann keine Staats- oder Magistratsaufträge mehr gegeben.« Was das für einen Malermeister bedeutete, kann sich ausmalen, wer von solchen Aufträgen abhängig ist.

»Ich habe meinen Jungen 51mal in der schweren Zeit besucht. Auch mein Mann war mehrere Male bei ihm. Sallys letzter Wunsch war, noch einmal seine geliebte Mutti und seinen Vati zu sehen, was aber auf Abraten des Rabbiners Dr. Joseph nicht geschehen ist. Dr. Joseph sagte mir, er glaube, es würde zu schwer für mich.« Das war sicher das beste.

Nach eigenen Angaben war Rosa Lutter im Gerichtssaal »dem Umsinken nah«. Der Vorsitzende ließ sie hinausbringen.

»Zu seinem Verteidiger Dr. Kramer äußerte unser Junge: ›Ich will ja nur leben, um meinen lieben Pflegeeltern für alles danken zu können, was sie an mir getan haben.‹ Leider war es ihm nicht vergönnt.«

Der Stein auf dem Grab wird gesetzt.

Das Grab wird von Rosa Lutter gepflegt, ungeachtet aller Nachreden, was eine wie sie auf einem Judenfriedhof zu suchen habe ...

Der Krieg kommt. Lutters werden zweimal ausgebombt. Das ist für heutige Verhältnisse nur zu begreifen, wenn sich jemand vorstellen kann, er und sie müßten ihre brennende Wohnung verlassen, und wenig später die zweite Wohnung wieder. Was hat da einer noch an Hab und Gut?

So kommt es, daß die Lutters mit ihrer Tochter buchstäblich auf der Straße sitzen im rauchenden, umkämpften Berlin, während Sally Epsteins Grab unbeschädigt bleibt. Nur die Neue Trauerhalle des Friedhofs, gleich gegenüber, erhält Bombentreffer.

Da sie aber nicht in Haft war ...

Als der furchtbare Krieg ein Ende gefunden hatte, wer will es Rosa Lutter verdenken, dieser resoluten Frau, wenn sie nun nach einer Entschädigung verlangt. Ringsum werden antifaschistische Taten belohnt.

In ihren Fragebogen und Berichten an den Magistrat der Stadt Berlin, Abteilung Sozialwesen, Hauptausschuß »Opfer des Faschismus (OdF)«: »Meine Angaben können alle nachgeprüft werden, denn es werden hoffentlich die Gerichtsakten sowie bei der jüdischen Gemeinde Papiere über die Beisetzung vorhanden sein.«

Ganz gewiß. Dort haben sämtliche Unterlagen den Krieg überlebt. Dieses letzte Wort hat seinen besonderen Akzent. Denn ungezählt viele Menschen, für die hier einst ihre letzte Ruhestätte vorgesehen und oft genug schon vorhanden war, haben die Hitlerjahre nicht überlebt. Grund: Deportation ins Vernichtungslager.

Sally Epstein liegt begraben im Feld H III - B - 91 476.

Rosa Lutter: »Wir haben getan, was nur eine Mutter und Vater für ihren Jungen tun konnten, davon zeugt auch der Denkstein mit Inschrift.«

Sie lautet: Stark wie der Tod ist auch die Liebe

Luther übersetzt das umgekehrt aus dem Hohelied Salomons: Denn Liebe ist stark wie der Tod; aber die Lesart auf Epsteins Stein ist zutreffender.

Rosa Lutter: »Viel haben wir über uns ergehen lassen müssen, an Schimpfworten und Anspielungen.«

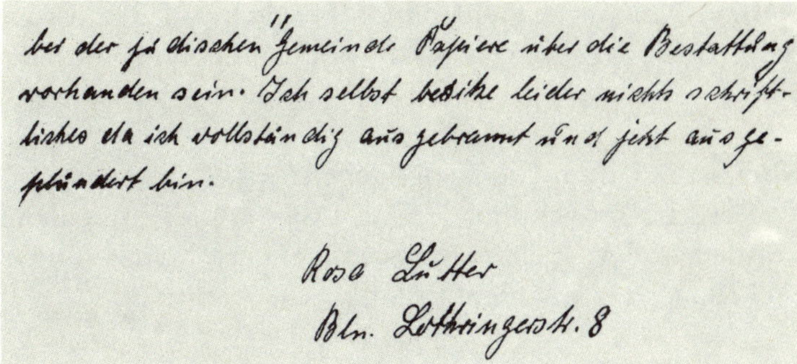
bei der jüdischen "Gemeinde" Papiere über die Bestattung vorhanden sein. Ich selbst besitze leider nichts schriftliches da ich vollständig ausgebrannt und jetzt ausgeplündert bin.

Rosa Lutter
Bln. Lothringerstr. 8

Aus einem Antrag von Rosa Lutter

Das läßt sich sehr gut vorstellen, denn das passiert nahezu in jeder Generation.

Nur müssen die jeweils Betroffenen den Mund halten.

Aber wenn nun neue Zeiten angebrochen sind, da müßten doch Menschen wie die Lutters …

»Heute ist mein Mann [zu] 66 Prozent Invalide durch Schlaganfall und Nervenlähmung; so wäre ich dankbar, wenn uns irgendeine kleine Hilfe zur Besserung seiner Gesundheit zugewendet würde, da ja unser Junge es nicht mehr kann. Denn sein Wunsch zu leben war ja nur, an uns gutzumachen, was wir für ihn im Leben getan haben.« So schreibt Rosa Lutter am 25. November 1945.

Doch unser Dasein unterliegt behördlichen Vorschriften.

Franz Arendt aus der Grenadierstraße 32 bescheinigt in der Anlage, daß »Sally Epstein, der nichts verbrochen hatte«, hingerichtet wurde, »weil, auf deutsch gesagt, er Jude war und der erste Jude war, der bei Hitlers Zeiten hingerichtet wurde«.

»Abl.«, Ablehnen, steht handschriftlich auf der ersten Seite des Fragebogens; und »abgelehnt« von anderer Hand.

Muß sie sich damit zufriedengeben?

Rosa Lutter schreibt erneut. Daß sie aber auf solche Hindernisse trifft, damit hat sie nicht gerechnet.

Rosa Lutter läßt nicht locker.

Am 30. März 1949 – es sind Jahre vergangen! – erkundigt sich das Hauptamt »Opfer des Faschismus« (OdF) in der Strafanstalt Plötzensee, ob »Epstein kriminell belastet war und welche Rolle er im Prozeß gespielt hat«. Das Auslandsstrafregister, denn Epstein gehört von Geburt her nach Polen, bestätigt am 19. April 1949: »Im Strafregister sind keine Verurteilungen vermerkt.«

Deshalb am 16. Mai 1949: »Epstein ist nicht vorbestraft«; das hatte aber 1935 bereits das Gericht bestätigt.

Beilage: Die »beglaubigte Abschrift« des Strafgefängnisses Plötzensee: »Eingeliefert am 21. 6. 1934 10 Uhr von U.Gef.«

»Gefangenenbuchnummer: 1211/34«

Als Bekenntnis hatte Sally Epstein »Dissident« angegeben. Aber das nützte nichts, obgleich es stimmte. Denn: Jude ist Jude.

»Straftat: Gemeinschaftlicher Totschlag«. Wie jeder beliebige Verbrecher. »Todesstrafe«, »am 10. 4. 35 hingerichtet«.

So ist es amtlich. Waren sie denn nicht wegen »Mordes« verurteilt worden und hingerichtet, die beiden?

Aktenvermerk vom 29. August 1949: Frau Lutter wird als Hinterbliebene, da sie sich »bis zum Tode für E., den sie

Rosa Lutter, 1946

als eigenen Sohn betrachtete, eingesetzt hat, in Gruppe II anerkannt«. Aber finanzielle Unterstützung bedeutet das nicht.

Mit Datum vom 9. Dezember 1949 befürwortet die OdF-Dienststelle Prenzlauer Berg den Antrag auf »Elternrente, da wirklich ein Notstand vorliegt«. Endlich wird das amtlich bestätigt.

Zu dieser Zeit gibt es noch viele Trümmer in der Stadt. Die Dragonerstraße oder Max-Beer-Straße, wie sie bald heißt, sieht traurig genug aus.

In den achtziger Jahren ist das Stück, wo einst Baers Kneipe stand, mit Neubauten besetzt. Gegenüber, wo Lutters gewohnt hatten und ausgebombt wurden, ist heute, Ende 1992, noch immer eine kahle Fläche. Man kann den Verlauf der Straßen erkennen, die sich hier berühren, wenn man zu Boden schaut.

Nun hatte Rosa Lutter dank der Entscheidung mit einer Rente gerechnet und deshalb einen Brief geschrieben. Daraufhin wurde sie vorgeladen zur Versicherungs Anstalt Berlin (VAB). Dort bekam sie den Bescheid, »daß die Rente abgelehnt wird, weil unser Sohn nicht vor seinem gewaltsamen Tode unseren Haushalt überwiegend bestritten hat«.

Immer wieder ist zu merken, wie unangenehm den Behörden die Erinnerung an Horst Wessel und Ali Höhler ist.

Alle Fragebogen, Berichte und Schreiben von Rosa Lutter in dieser Nachkriegsakte durften zwar für mein Vorhaben kopiert werden, doch blieb noch 1988 die Genehmigung zu ihrer Veröffentlichung vorbehalten. Der arme Epstein war eben kein richtiger Antifaschist gewesen. Es hatte sich damals, und die Partei blieb bei ihrer 1930 ausgegebenen Darstellung, um eine Auseinandersetzung zwischen zwei Zuhältern gehandelt.

Andererseits, wie unangenehm, daß sich die Behörden der jungen DDR so verhalten hatten. Müßte ein antifaschistischer Staat sich nicht um jeden kümmern, der verfolgt worden war? Jahrzehnte später paßte solcher Vorgang nicht mehr ins Bild, das der Staat von sich sehen wollte.

Aber sie hatten seinerzeit nicht mit der beharrlichen Rosa Lutter gerechnet, die es sogar mit der Gestapo aufgenommen hatte. Sie fürchtet sich nicht, sondern schreibt am 12. Februar 1950 an den Berliner Magistrat: »Haben denn wir *Mütter* kein Anrecht« an einer Wiedergutmachung? »Man nimmt doch erst im Alter Anspruch auf Unterstützung. In meinem Fall liegt es doch so, daß unser Pflegesohn in unserm eigenen Betrieb gearbeitet hat und so mithin zur Aufrechterhaltung unseres Haushaltes wesentlich beigetragen hat. Außerdem war er notariell der Erbe unseres Betriebes. Mein Mann hat jetzt wegen Krankheit sein Gewerbe aufgeben müssen und bezieht eine Rente von 72,– DM. So bin ich darauf angewiesen, irgendeinen Zuschuß zu erhalten. Wir sind gänzlich ausgebombt und haben keine Möglichkeit, uns durch Verkauf irgendwelcher Sachen Nebeneinnahmen zu verschaffen.«

Frau Lutter hatte keine Marken der Sozialversicherung geklebt, wie man das nannte, sondern den Haushalt geführt und die schriftlichen Arbeiten für den Malereibetrieb unentgeltlich erledigt als Familienangehörige. Daher hatte sie keinen Anspruch auf Rente.

Am 28. Januar 1951 – es sind elf Monate vergangen! – schreibt das Hauptsozialamt an Frau Lutter: »Leider gibt uns das neue Gesetz vom 14. 6. 50 auch keine Handhabe, Ihnen eine Rente zu gewähren.«

Zwar ist sie als »Hinterbliebene nach dem Pflegesohne Sally Epstein anerkannt. Nach § 7 d können jedoch nur bedürftige Verwandte der aufsteigenden Linie, d. s. Eltern, Großeltern, eine Rente erhalten. Als Hinterbliebene nach dem Pflegesohne können Sie nicht in diese Kategorie gerechnet werden«, bedauert das Hauptsozialamt im von Antifaschisten regierten Staat.

In anderen Städten und Ländern des ehemaligen Deutschen Reiches brauchen sich Richter, Generale und ihre Nachkommen keine Sorgen darum zu machen, in welche Kategorie sie gehören. Sie sind anerkannte Hinterbliebene Hitlers. Daher ist ihre Rente amtlich gesichert und wird sogar von Zeit zu Zeit erhöht.

Ist nicht der arme Epstein ein Opfer der Nazis? Zählt das nicht?

1974 erschien, herausgegeben von der Vereinigung der Verfolgten des Naziregimes (VVN) Westberlins ein »Ehrenbuch der Opfer von Berlin-Plötzensee. Zum Gedenken der 1574 Frauen und Männer, die wegen ihrer politischen oder weltanschaulichen Einstellung und wegen ihres mutigen Widerstandes gegen das faschistische Barbarentum in der Strafanstalt Berlin-Plötzensee von 1933 bis 1945 hingerichtet wurden«. Nach dem Stand der vorhandenen Unterlagen sind jedoch von 1933 bis 1945 dort 2915 Menschen hingerichtet worden. Das Ehrenbuch nennt diese Zahl, trennt aber sorgsam und deutsch die »eindeutig als Gegner und Kämpfer gegen den Hitlerfaschismus« Ausgewiesenen von den bloßen »Volksschädlingen«, wie das bei Hitler hieß. Das war z. B. die Mutter von zwei Kindern, die aus einem zerstörten Laden Lebensmittel stahl; das waren ausländische Zwangsarbeiter, die bewußt Ausschuß produzierten, oder Jugendliche, die sich bei Aufräumungsarbeiten etwas eingesteckt hatten. So werden sie noch im Tode nach der Mode streng geteilt in zwei Klassen.

Wen wundert's, daß wir den armen Epstein in keiner der beiden Kategorien finden. Er ist als Krimineller eingeteilt seit 1935. Daher nicht in der alphabetischen Reihe. Ob der Schlosser Fridolin Endraß (5.3.1893–23.2.1940) und der Oberstleutnant Hans Erdmann (18.2.1896 bis 4.9.1944) etwas gegen Sally Epstein in ihrer Mitte einwenden würden?

So nachdenkend wundert es uns nicht, daß Rosa Lutter am 2. Dezember 1951 wieder einen Brief schreibt. Es sind mittlerweile über sechs Jahre vergangen seit Kriegsende.

Ihr Brief beginnt: »Da ich keinen anderen Ausweg mehr weiß, wende ich mich in meiner größten Not an Sie und bitte mir zu helfen.« So schreibt sie an den Ostberliner Oberbürgermeister Friedrich Ebert, Sohn des ersten deutschen Reichspräsidenten Friedrich Ebert in der Weimarer Republik. Der war Sozialdemokrat. Wegen seiner Haltung 1918/19, Liebknechts und Luxemburgs Tod, mag er sich vor der Geschichte verantworten. Wegen solcher Makel war der Sozialdemokrat Friedrich Ebert II. besonders eifrig beim Abriß der Vergangenheit, besonders der baulichen. Die Entfernung des Berliner Stadtschlosses geht mit auf seine Rechnung, aber nicht auf seine allein.

Wie gesagt, 1988 mit Rosa Lutters Akte beschäftigt, wurde mir zwar alles zur Verfügung gestellt, aber nicht ohne dringliche Bitte, keine Einzelheiten über diese, den Arbeiter-und-Bauern-Staat beschämenden, jahrelangen Bittgänge der Rosa Lutter zu erwähnen.

Hier sind sie:

Aber zuvor noch sei mitgeteilt: Nicht das Ministerium für Kultur der DDR, nicht seine Hauptverwaltung Verlage hätte die Druckgenehmigung für das vorliegende Buch erteilen dürfen, sondern es wäre – weil es sich mit einem Stück Geschichte der deutschen Arbeiterbewegung beschäftigte – von der Genehmigung des Instituts für Marxismus-Leninismus beim Zentralkomitee der SED abhängig gewesen. Nun ist die Geschichte selber, diese reizende Dame Klio, über alles hinweggegangen. Nun darf über jene Tage und über die KPD geschrieben stehen, was erkennbare Wahrheit ist. Und was Rosa Lutters Bemühungen angeht ...

»Sehr geehrter Herr Oberbürgermeister Ebert, lieber VVN-Kamerad«, das ist er. Wir sehen ihn angetreten auf dem Foto, das 1933 im Konzentrationslager Oranienburg prominente Häftlinge zeigt. Auch er eine Figur im politischen Geschäft. Bei allen Vorwürfen, die man ihm machen kann, ein Mann, der sich durch Bildung und Redetalent angenehm von seinesgleichen im Politbüro der SED unterschied.

Rosa Lutter, inzwischen als Opfer des Faschismus anerkannt, ist 1951 nun 62 Jahre alt. Ihr zwei Jahre jüngerer Mann bezieht eine monatliche Rente von 92,– DM; »davon zahlen wir 22,– DM Miete, so bleiben uns noch 70,– DM zum Leben, wovon noch Licht und Feuerung bezahlt werden muß; trotz aller Not verweigert man mir jede Rente oder Unterstützung der VVN.« Wieder erwähnt sie den Pflegesohn. Wir erfahren Einzelheiten.

»Ich begründe den Anspruch auf Rente damit, daß mein Mann, der einen selbständigen Malereibetrieb hatte, im Jahre 1930, als er erkrankte, unseren Pflegesohn notariell zum Nachfolger und Besitzer des Betriebes anerkennen ließ. Was ich sonst noch alles erduldet und geleistet für ihn habe in der Hitlerzeit, wäre zuviel, um [es] hier anzuführen. Seine leibliche Mutter lehnte mir in der häßlichsten Weise ab, irgend etwas für ihn zu tun, und wäre es nur, um seine Gefangenschaft zu erleichtern, so habe ich alles das getan, was man von einer liebenden und sorgenden Mutter verlangen kann, obgleich ich eine Christin war, was mir in der Hitlerzeit doppelt schwer angerechnet wurde. Und heute lehnt man mir die Rente ab, weil ich nicht die leibliche Mutter bin. Es wurde mir gesagt, daß meine Anerkennung [als Verfolgte des Naziregimes, VdN] ein Sonderfall ist, so bin ich der Meinung, daß ein Sonderfall auch eine Sonderausnahme bedingt und man nicht in diesem Falle auf den Gesetzesparagraphen fußen soll.«

Eine großartige Frau. Sie geht mit der neuen Behörde so um wie mit der alten. Ohne Respekt schreibt sie, daß der Sonderfall eine Sonderausnahme bedingt. Man muß es ihnen ins Gesicht sagen!

»Es will mir auch niemand glauben«, schreibt sie, »daß ich keinerlei Unterstützung von der VdN erhalte. Nun, lieber Kamerad, bitte ich nochmals dringend, ein Machtwort an richtiger Stelle für mich einzulegen, damit mein Lebensabend ein wenig erleichtert wird. Mit freundschaftlichem Gruß.«

Und auf einmal geht es. Die Versicherungs Anstalt Berlin erkundigt sich beim Magistrat, »ob die leiblichen Eltern des verstorbenen Epstein noch leben und gegebenenfalls, ob sie als Hinterbliebene eines VdN anerkannt sind«.

Die VdN verhandelt und stellt fest: »Eine gewisse illegale Tätigkeit liegt bei den Eheleuten bis Juni 1934 vor, die aber keinen organisierten Charakter hatte.« So war es oft. Solche Tätigkeit galt nur, wenn sie ein Parteibeauftragter angewiesen hatte. »Der Ehemann war etwa 2 Tage in Haft. Diese Angaben als wahr unterstellt, reichen zu keiner Anerkennung als VdN aus. Frau L. ist am 29.8.49 als OdF-Hinterbliebene nach den Mai-Richtlinien von 1946 Abs. 4 zu Recht anerkannt worden. Nach den VdN-Richtlinien vom 14.6.50 müßte die Anerkennung als VdN zurückgenommen werden, da nach § 3,1 c nur der Vater oder die Mutter als Hinterbliebene anerkannt werden kann und sie nur die Pflegemutter ist, demzufolge kann sie auch keine VdN-Hinterbliebenen-Rente erhalten ... Frau L. macht noch gesundheitliche Schäden geltend, da sie aber nicht in Haft war, können sie bei unserer Entscheidung nicht berücksichtigt werden.«

Aber jeden zweiten Monat sollen die Eheleute Lutter eine Sozialunterstützung von 50,– DM erhalten. Wenn sie als VdN-Hinterbliebene anerkannt werden!

Der Stadtrat Willy Schmidt genehmigt das.

Daß Sally Epstein bei der Familie Lutter wie ein Sohn gelebt hatte, ging aus als »zuverlässig erwiesenen Zeugen- und Bürgenerklärungen hervor«. Das Referat VdN hatte das am 26.2.52 als »wahr unterstellt. Das Referat hatte damals lediglich daran Anstoß genommen, daß keine Adoptierung stattgefunden hatte.« Das Referat hätte wis-

Rosa Lutter, 1977

sen müssen, daß die Lutters seinerzeit zu jung waren und daß die Adoption aus diesem Grunde abgelehnt worden war. Konnten sie Sally etwa adoptieren, als er in Untersuchungshaft saß?

Aber da steht eine Formulierung, die allen Behörden empfohlen sei: »Bei lebensnaher Auslegung der Verordnung hätte nicht übersehen werden dürfen«, daß beispielsweise Stiefkinder anerkannt werden können als rentenberechtigte Hinterbliebene. »Es liegt auf der Hand, daß ebenso der Fall eintreten kann, daß Stiefeltern bzw. Stiefmütter einmal derartige Ansprüche erheben könnten und daß dann Härten entstehen würden. Es handelt sich hier nicht um ein Stiefverhältnis, sondern um die Aufnahme eines jungen Menschen in die Familie Lutter.«

Es wäre auch »eine Härte«, die nur nominelle Anerkennung aufrechtzuerhalten.

»Frau L. wird ... anerkannt ... als die Hinterbliebene des hingerichteten Sally Epstein ... bei voller Anwendung der Verordnung.« So geschehen und genehmigt am 6. Dezember 1952. Ein Jahr nach Rosa Lutters Brief an den Oberbürgermeister. Hoffentlich hat sie eine Nachzahlung bekommen.

Das Grab

Rosa Lutters Urne ist beigesetzt auf dem Gethsemane-Kirchhof in der Blankenfelder Straße in Berlin-Niederschönhausen. Dorthin ist 1981 auch die Urne ihres Mannes Richard (1891–1958) umgebettet worden, der auf dem Friedhof St. Nikolai beigesetzt worden war. (Wie Horst Wessel.)

Gethsemane – das erinnert an die Kirche, die um die Wendezeit 1989 ihren Ruf bekam, aber auch noch 1991 zu Mahnung und Protest aufrief, denn unter der neuen Ordnung ist in Berlin nicht alles schön und lupenrein, was Soziales, Mieten und Kultur angeht.

Wie dem auch sei, die unerschrockene Rosa Lutter, die sich von den Behörden nichts gefallen ließ, in Gethsemane liegt sie genau richtig.

Rosa Ella Albertine Lutter, geborene Podewils, starb eine Woche vor ihrem 91. Geburtstag in Berlin. Am 19. November 1980.

Solange sie konnte, ging sie jedes Jahr im September, am Gedenktag für die Opfer des Faschismus, mit ihrer Tochter zum Grab von Sally Epstein. Sie hatte es seit 1935 gepflegt. Das bestätigt Mia Lehmann, die im Sommer 1937 und 1938 dort als Saisonarbeiterin tätig war.

»Es war ein trauriger Arbeitsplatz und noch viel trauriger war das Schicksal der Saisonarbeiter. Es waren sehr arme jüdische Frauen und Männer. Sie waren auch schon älter und hatten keine Aussicht auf Veränderung ihrer Lage. Ich war damals die Jüngste, und als Kommunistin hatte ich Zuchthaus hinter mir und Polizeiaufsicht vor mir. Ein solcher Friedhof war in jener Zeit kein einfacher

RUHESTATTE
FAMILIE
Ruhestätte
Familie
Lutter
RUHESTATTE
BING
BEIER

Arbeitsplatz für jemanden wie mich. Ein Friedhof war ein Platz, wo sich Illegale trafen.« Es gab nicht mehr viele Besucher auf diesem größten jüdischen Friedhof Europas. »Wer Geld und damit auch Glück hatte, war ausgewandert.« Auch Mia Lehmann gelang die Emigration nach England, »durch die Solidarität der Genossen«.

Als sie nach ihrer Entlassung aus dem Frauen-Zuchthaus Jauer (Nieder-Schlesien) 1937 auf dem Friedhof arbeitete, bemerkte sie, daß von einem Grab oft die Rede war unter den jüdischen Arbeitern. Das noch frische Grab von Sally Epstein ...

»Regelmäßig kam eine Frau, um es zu pflegen.« Aber es kümmerten sich auch die Friedhofsarbeiter. Aus Gesprächen erfuhr »ich, daß diese Frau ›Arierin‹ sei. Doch ich konnte nicht mit ihr sprechen, da ich nach meiner Haftentlassung noch unter Polizeiaufsicht stand.«

Nachdem sie aus der Emigration 1947 nach Berlin zurückgekehrt war, besuchte Mia Lehmann wegen mancher Erinnerung den Friedhof in Weißensee und interessierte sich schließlich auch für Epsteins Grab. Es »war so schön gepflegt wie 1937 und 1938«.

Bis zu ihrem Tode ließ Rosa Lutter das Grab pflegen. Dann hörte das auf, weil dafür nicht mehr gezahlt wurde.

Anfang 1981 kümmerte sich Mia Lehmann darum. Mit Erfolg. Die VdN-Kommission Berlin-Prenzlauer Berg beantragte bei der Jüdischen Gemeinde in Ost-Berlin, Epsteins Grab in Pflege zu nehmen. Diesem Antrag wurde stattgegeben.

Nur wurde er nie verwirklicht. Beim Nachfragen im Frühjahr 1992 konnte die Friedhofsverwaltung keinen Pflegeauftrag entdecken auf der Karteikarte ...

Dennoch war Epsteins Grab in dem vergangenen Jahrzehnt nie unordentlich anzusehen gewesen.

Jetzt gehört, mag der Einigungsvertrag der beiden deutschen Staaten (1990) es auch erst ab 1995 vorsehen für Berliner Gräber, das Grab des armen Epstein unter § 1, Abschnitt 4 des »Gesetzes zur Übernahme des Gesetzes über die Erhaltung der Gräber der Opfer von Krieg und Gewaltherrschaft (Gräbergesetz)« vom 13. Juli 1965. Dort heißt es, ihn betreffend: »Gräber von Personen, die als Opfer nationalsozialistischer Gewaltmaßnahmen seit dem 30. Januar 1933 ums Leben gekommen sind oder an deren Folgen bis 31. März 1952 gestorben sind«.

Wie dem auch sei, bereits im November 1992 steckt im Grabhügel unseres Epstein ein Metallschild. Der Pflegeauftrag.

Abgesehen davon, daß dieser jüdische Friedhof nicht nur seiner europäischen Bedeutung wegen unter Denkmalschutz stand und, wie anzunehmen ist, bleibt, genösse Epstein an sich Schutz, weil es auf jüdischen Friedhöfen keine Liegefristen gibt, keine Einebnungen. Dort hat jeder Mensch tatsächlich die ewige Ruhe. Es sei denn, die Gestapo gräbt alles um wie 1943 in der Großen Hamburger Straße. Aber an den Geist kann doch keiner rühren, an das Nachwirken, an die Weitergabe an Nachkommen – und die müssen nicht einmal Juden sein.

Als zum einhundertjährigen Bestehen dieses Weißenseer Friedhofs eine Broschüre erschien, 1980, über die Historischen Jüdischen Friedhöfe in Berlin – was seinerzeit etwas Ungewöhnliches bedeutete –, war Epsteins Grab nicht genannt. Er war übersehen worden. Von mir, als Mitautor, der sich speziell um diesen Friedhof und seine Grabstellen gekümmert hatte ...

Dabei war Epstein längst erwähnt in dem Buch »Das Licht verlöschte nicht«, in dem 1960 Rabbiner Martin Riesenburger den Leidensweg der Berliner Jüdischen Gemeinde aus seiner Sicht als Prediger auf diesem Friedhof beschrieben hatte.

Aus jener Broschüre von 1980 wurde ein Buch (»Jüdische Friedhöfe in Berlin«, 1988), das 1991 endlich »Die jüdischen Friedhöfe in Berlin« heißen konnte, weil der im Berliner Westen gelegene Begräbnisplatz an der Heerstraße nicht mehr weggelassen werden mußte. Aber auch in diesem Buch fehlt Sally Epsteins Grab.

Also war es höchste Zeit, seine Geschichte zu erzählen.

Immer geradeaus. Hohe Bäume, auch wenn sie unbelaubt sind, verdunkeln den Weg.

Erbbegräbnisse zu beiden Seiten. Berliner Namen. Berliner Geschichte. Berliner Kultur.

Immer geradeaus den Mittelweg, der keinen Namen trägt. Hier gibt es keine Straßennamen. Das hat sein Gutes. Nur Felder. Links R 2 rechts S 2. Dann W 2 und X 2, C 3 und D 3 – und nun vor uns ein grüner Hügel. Er birgt die Reste der Neuen Trauerhalle. Ein Friedhof diesen Umfangs – 115 000 Grabstellen – benötigte sie.

Wer dachte seinerzeit an Diskriminierung, Auswanderung und Deportation? Im Zweiten Weltkrieg zerstörten Luftangriffe diesen Bau. In ihm aber waren gerettete Thorarollen verborgen, die durch einen Handstreich der Aufsicht des Oberfinanzpräsidenten entrissen worden waren. Nur waren ziemlich viele beschädigt und mußten erdbestattet werden nach altem Brauch. Ihr Grab findet sich gleich in der Nähe des Eingangs.

Ein Wiederaufbau der Ruine erschien zwecklos. Für

die wenigen Berliner Juden reichte die Trauerhalle aus. Deshalb wurde die Ruine mit Erde zugeschüttet. Es ist Gras darüber gewachsen. Nicht das Gras des Vergessens, sondern das immergrüne Gras des Erinnerns.

Im Anblick dieses Hügels wenden wir uns nach links und sehen die Grabstellen an.

Da liegt er.

So auffällig. So unscheinbar. Nicht etwa in einer abgelegenen Ecke. Die gibt es hier ohnehin nicht für solche wie ihn oder die weit über tausend, die sich lieber selber das Leben nahmen, als der Aufforderung zum Stellplatz für die Reise in die Lager Folge zu leisten.

Aber Sally Epstein war doch nicht Gemeindemitglied. Und wie schwierig es gewesen ist, seinem Leichnam den Zugang zu diesem Friedhof zu gestatten, das wissen wir durch Rosa Lutters Bemühungen bis in die Nacht des Todestages.

Wer hat denn am Tage nach der Hinrichtung diese Stelle ausgesucht und angewiesen? Sie ist dermaßen auffällig. Als ob sie von vielen Besuchern ohne weiteres gefunden werden sollte. Wenn mal andere Zeiten kämen. Daß sie kommen würden, darauf war Verlaß seit einigen Jahrtausenden.

Nun erzählt dieser Efeu auf seinem Grab Epsteins Geschichte. Es werden vielleicht auch Steinchen auf seinem Stein liegen, bald und künftig.

Ein Mensch, dessen Kopf von seinem Leib getrennt ist. Aber er hat seine ewige Ruhe.

Wenn wir nochmals die Tragödie betrachten ...

Worum ging es eigentlich? Um einen Mietstreit, unter dessen Oberfläche politischer Unmut brodelte und sich entlud. Weil Höhlers Pistole nicht entladen war.

SALLY EPSTEIN
3. 2. 1907 – 10. 4. 1935
STARK WIE DER TOD
IST AUCH DIE LIEBE

Die Schicksale:

Horst Wessel: wochenlang kaum sprachfähig, verröchelt schmerzhaft an Blutvergiftung im Krankenhausbett. Er erlebt Zuwendung, aber nicht seine Verwandlung in einen Nationalhelden, der verwendbar ist. Wofür starb Horst Wessel? Zu wessen Nutzen?

Das läßt sich auch bei allen anderen fragen.

Albrecht (Ali) Höhler: totgeschlagen und zugleich erschossen, verendet irgendwo unter märkischen Kiefern. Totgeschwiegen von der eigenen Partei.

Erwin Rückert und *Josef Kandulski* sterben im Konzentrationslager Mauthausen nach zehnjähriger Haft. Sie waren gerade um die vierzig Jahre alt geworden.

Walter Jambrowski: starb qualvoll früh im Konzentrationslager Buchenwald, weil er damals mit in der Wohnung von Elisabeth Salm gewesen war.

Elisabeth Salm: nach jahrzehntelanger Haft im Konzentrationslager starb sie in Bergen Belsen an Typhus oder an Altersschwäche mit 44 Jahren.

Else Cohn: Wurde Anfang Mai 1933 in Frankfurt/Oder entführt und in der Nähe des Dorfes Plau erschossen.

Wieviele Tote wegen eines einzelnen?

Auch *Hans Ziegler* gehört dazu, der andere Geköpfte in Plötzensee.

Und *Sally,* unser armer *Epstein*? Nur eine Figur am Rande der Ereignisse. Kein Held. Kein Täter. Aber er mußte schwer darunter leiden, daß er mitgegangen war und mitgefangen ward.

Recht betrachtet aus unserer Ferne ist Sally Epstein wohl noch am besten davongekommen. Verglichen mit den Qualen der anderen. Und am gelindesten hinausgelangt aus dieser Welt.

Unterm Handbeil. Kurz und schmerzlos.

Falls wir es so sehen wollen.

Und er hat, angesichts aller anderen Beteiligten vom 14. Januar 1930, ein Grab.

Als einziger hat er wenigstens ein Grab, das unumstritten ist.

Was ihm das nützt?

Absurd der Gedanke an eine Sally-Epstein-Straße. Die Horst-Wessel-Straßen und -Plätze sind entfernt worden. Keine Partei, ob KPD oder SED, dankte den Roten Frontkämpfern aus der Mulackstraße.

Das müßte zu denken geben. Aber wer denkt schon über die Vergangenheit nach? Die sogenannten kleinen Leute wundern sich immer erst hinterher, wenn sie nach dem jeweiligen Scheitern als »Mitläufer« oder »systemnah« eingestuft werden, weil sie die siegreiche Partei nicht voraussahen, denn sie fielen auf Parteigerede herein. Fallen herein, immer wieder.

Was wissen wir, was in fünfzig Jahren die Geschichtsschreibung für Unterschiede machen wird? Machen darf ...?!

Und was wird den Schulkindern vorgesetzt?

Das, was das jeweilige Ministerium für brauchbar befindet und seinen Lehrern verordnet. Mögen die auch im Hinterkopf andere Erfahrungen haben. Neue und alte.

»Die Fahne hoch«? Lieber nicht! »Brüder, seht die rote Fahne«? Um Himmelswillen! Man hatte seit 1919 den um die Heranbildung einer neuen, demokratisch orientierten Generation bemühten Lehrern nicht gesagt, daß sie eine Art von Testpiloten seien im Schleudersitz. Der zündete 1933, 1945 und 1990.

Wer wagt es, da noch Ideale zu vermitteln?

Die einzige Lösung ist, anständige Menschen erziehen zu helfen.

Im Sinne meines Lehrers, Herrn Hornoff in Dresden-Blasewitz, der mir Achtjährigem beibrachte, die größte Sünde sei der Selbstbetrug.

Er behielt recht. Und das half mir auf meinem nicht geradlinigen Lebensweg gegen die jeweiligen Machthaber. Bis heute.

Konnte ich 1930, als Horst Wessel und Sally Epstein das Neue Jahr auf ihre Weise empfingen, mit meinen vier Jahren wissen, was es mir bescheren würde? Wenn ich älter geworden war? Und was hatte der künftige Reichskanzler vor mit mir?!

Wer wurde fertig mit den Idealen, die ihm Eltern und Lehrer und die aus der Nachbarschaft beibrachten? Und wann?!

1930 hielt der Intendant des Berliner Rundfunks, Hans Flesch, eine Neujahrsansprache. Wie das damals üblich war. Er sagte: »Die höchste Stufe, die der kämpfende Mensch in seiner Beziehung zum Gegner erreichen kann, sollte Toleranz sein.«

Man darf annehmen, daß ihm nicht alle, die es betraf, zuhörten.

Nachbemerkung

Auffallend viel Widersprüchliches ist über den mit 22 Jahren gestorbenen Horst Wessel veröffentlicht worden. Als ob die wechselnde Benennung »Blutzeuge« oder »Zuhälter« diese ungenauen oder falschen Angaben veranlaßt hätte.

Es beginnt bereits 1933, als Wessels Schwester Ingeborg schreibt: »Er fiel unter den Kugeln kommunistischer Henkersknechte.«

Man sollte meinen, der Verfasser der historischen Spaziergänge »Rings um die alten Mauern Berlins« hätte 1939 Bescheid gewußt. Doch dort heißt es: »Zu Ehren des jugendlichen Vorkämpfers der nationalsozialistischen Bewegung Horst Wessel, der 1932 [!] im Pavillon seinen Wunden erlag, die ihm tückische Mordbuben beigebracht hatten, wurde 1933 das Krankenhaus [Friedrichshain] sowie der 5. Stadtbezirk mit seinem Namen benannt.«

In der »Geschichtstabelle« des Katalogs zur Ausstellung »1933 – Wege zur Diktatur«, einer wegweisenden, 1983 gezeigten Westberliner Geschichtsschau, steht 1930 unter dem 23. Februar: »Sturmführer Horst Wessel wird erschossen.«

In der »Zeittafel« des Bandes von Schrader/Schebera: »Die ›Goldenen Zwanziger‹«, 1987 erschienen, steht: »Febr. [1930]: Bei einer Straßenrauferei in Berlin Erschießung von Horst Wessel.«

Ähnlich wird er in den Anmerkungen zu »Kurt Tucholsky, Briefe. Auswahl 1913 bis 1935«, Berlin 1983, behandelt: »Wessel, Horst (1907–1930) Zuhälter und Naziführer, bei einer Schlägerei umgekommen.« Die

DDR-Lesart. Die z.B. in Broschüren über Berliner Straßennamen wegließ, daß es den »Horst-Wessel-Platz« und die »Horst-Wessel-Straße« in Berlin-Mitte gegeben hatte.

Ungenaues steht oft in den Aufsätzen und Büchern über Wessel. Ungeprüft übernimmt einer vom anderen, ohne daß ein Lektor oder Redakteur korrigierend wirkte. Wenn in der Illustrierten »Quick« (24. Mai 1958) in den Erinnerungen des seinerzeit berühmten Strafverteidigers der Weimarer Republik, Erich Frey (»Die Wahrheit über Horst Wessel«), die Braut ständig »Helga« genannt wird, mag das noch angehen, denn weder war Frey beim Prozeß anwesend, noch hatte er in der Emigration alle Unterlagen zur Hand. Wenn aber Erna Jaenichen durchgängig umbenannt wird in Jänicke (bei Jochen von Lang, bei Imre Lazar), meint man, die Verfasser hätten den einst beliebten Berliner Eishockeyspieler dieses Namens im Gedächtnis gehabt. Da wundert es kaum, wenn Walter Junek stets Joneck heißt oder Wessels Begräbnis am 27. Februar 1930 stattgefunden haben soll. Es ist nicht immer ein Druckfehler, sondern oft Schluderei. Als dieselbe Illustrierte 1963 die »unheimlichen Memoiren des Gerichtsarztes Dr. Weimann, aufgezeichnet von Gerhard Jaeckel« druckt, ist aus Erna eine »Anna« geworden. Und Dr. Selo heißt immer noch Selow.

Bertolt Brecht, in der Emigration schlecht unterrichtet, schreibt 1935 ein Sprachkunstwerk: »Die Horst-Wessel-Legende«. Selber der angefertigten »Zuhälter«-Legende um Wessel unterliegend. Brecht irrt beim Todesdatum von Epstein und Ziegler, Erna heißt »Jännicke«. Das hat auch sein Verlag (1968) nicht überprüft. Niemand ist gegen Irrtümer gefeit. Aber etliche Namen – siehe Dr. Selo(w) – lassen sich im Adreßbuch, in Zeitungen oder anderen Quellen nachprüfen, mühelos. Fast mühelos ...

Dankzettel

1980 aufmerksam geworden durch das Buch Martin Riesenburgers, der Epsteins Grab erwähnt, dann durch den Augenschein auf dem Jüdischen Friedhof in Weißensee. 1988 standen wir dort, gemeinsam mit den Berliner Filmautoren und Schriftstellern Wera und Klaus Küchenmeister. Sie hatten einen Roman geschrieben: »Der Lude« (Berlin 1987); später ihr gleichnamiger Film. Ein Thema, das sich seinerzeit nicht anbot, denn sowohl Wessel als auch Höhler waren Unpersonen in der DDR. Aber die beiden Autoren kannten solche Menschen aus ihrer Berliner Kindheit. Daher vereinten sie in ihrem Roman mehrere Schicksale zu einem.

Ohne die kollegiale, freundschaftliche Hilfe der beiden Küchenmeisters wäre aus Epstein bestenfalls einer meiner »Berliner Grabsteine« geworden. Sie stellten mir aus ihrem Archiv Dokumente zur Verfügung, die mir einst so einfach kaum zugänglich gewesen wären.

Wie bei vorangegangenen Büchern halfen viele: vor allem Petra Juliane Kerber mit ihrem engagierten Spürsinn.

Die Deutsche Staatsbibliothek Unter den Linden, inzwischen Staatsbibliothek Berlin – Preußischer Kulturbesitz, personifiziert durch Hans Kasper und Alexander Fiebig. Bei der Suche nach den Ursprüngen des Horst-Wessel-Liedes waren Eveline Bartlitz, Ingeborg Hecht-Studniczka, Barbara James und Fred K. Prieberg behilflich.

Hans-Hermann Röttger, mein Schulkamerad und Freund, fand Elisabeth Salms Spur, während Ruth Krenn, Klaus Rebelsky, Tommy Spree, Wolfgang Eichner, Rosemarie Köhler und Jürgen Borchert hilfreich waren. Ebenso Dr. Hans-Jochen Vogel und Dr. Hermann Simon, Wolfgang und Karin Würfel sowie Prof. Diethart Kerbs.

Besonderer Dank bei der Suche nach Einzelheiten über Rosa Lutter, Sally Epsteins eigentlicher Mutter, gilt Mia Lehmann und Günter Klemke.

Erwähnt müssen sein das Landesarchiv Berlin, das Sonderstandesamt Arolsen, das Berliner Antikriegsmuseum e. V. und die Ratsbibliothek der Berliner Stadtbibliothek mit ihrer Adreßbuchsammlung, ferner das Deutsche Volksliedarchiv in Freiburg i. B.

Gefördert wurde das vorliegende Buch durch die Stiftung Kulturfonds Berlin.

Allen, auch jenen, die nicht genannt sein möchten, und den durch manchen Hinweis Behilflichen, gebührt mein Dank.

Berlin, im Dezember 1992
H. K.

Dank für ergänzende Mitteilungen gebührt Horst Joachim, Frankfurt/Oder, Fred Oberhauser, St. Ingbert, und Herrn Sander (jun.), Berlin.

Berlin, im Juni 1994
H. K.

Literatur (Auswahl)

Benjamin, Hilde: Georg Benjamin. Leipzig 1977
Blick in die Zeit, Jg. 1933–1935. (Reprintausgabe) Köln 1988
Cornelius, Peter: Ausgewählte Briefe ... Leipzig 1904/05
de Mendelssohn, Peter: Zeitungsstadt Berlin. Berlin 1982
Diels, Rudolf: Lucifer ante portas. Stuttgart 1950
v. Engelbrechten; Volz: Wir wandern durch das nationalsozialistische Berlin. München 1937
Finker, Kurt: Geschichte des Roten Frontkämpferbundes. Berlin 1981
Gängel, Andreas: Der »Rote-Hilfe-Anwalt«. In: Die Weltbühne, Nr. 16/1989
Goebbels, Joseph: Tagebücher 1924–1945, Hrsg. von Ralf Georg Reuth. München, Zürich 1992
Höhne, Heinz: Mordsache Röhm. Reinbek 1984
Juden in Preußen. Biographisches Verzeichnis. Von Ernest G. Lowenthal. Berlin 1981
Jüdisches Jahrbuch 1929. Berlin (1929)
Lazar, Imre: Der Fall Horst Wessel. Stuttgart 1980
Neues Lexikon des Judentums. Hrsg. von Julius H. Schoeps. Gütersloh, München 1992
Oertel, Thomas: Horst Wessel. Untersuchung einer Legende. Köln 1988
Riesenburger, Martin: Das Licht verlöschte nicht. 2. erw. Aufl., Berlin 1984
Weimann, Walter: Diagnose Mord. Bayreuth 1964
Weidemann, Alfred: Ein Vorläufer des Horst-Wessel-Liedes. In: Die Musik 28(1936)12
Wessel, Horst. Sein Lebensweg nach Lichtbildern zusammengestellt. München 1933

Bildquellen

ABZ, Berlin / Willy Römer: S. 88, 141
Antikriegsmuseum e.V. Berlin: S. 53, 54
Archiv des Autors: S. 36, 65, 67, 68, 70, 81, 96, 100, 134, 147, 169, 177, 195, 208
Archiv Kräfft: S. 16
Archiv Pisarek: S. 191
Archiv des Verlages: S. 97, 101, 104, 105, 121, 165, 213
Blick in die Zeit (Berlin 1933): S. 110, 117, 138
DDR-Staatsarchiv: S. 157, 162, 185
Der Bücherkreis (Berlin, 4/1930): S. 74
Manfred Gneckow: Karten
Heimatmuseum Neuruppin: S. 133
Privat: S. 59, 68, 197, 205
Sturm- und Kampfliederbuch (Berlin 1933): S. 77
Horst Wessel im Bild (München 1933): S. 23, 26, 29, 30, 32, 87
Wir wandern durch das nationalsozialistische Berlin (München 1937): S. 46

Personenregister